Wege zu Orten der Kraft

Pier Hänni

Wege zu Orten der Kraft

Plätze der Erholung,

Inspiration und Heilung

selbst finden

Dieses Buch ist der Grande Dame der Geobiologie Blanche Merz gewidmet. Sie hat mit ihrem jahrzehntelangen Engagement die Pforten zu einem neuen Verständnis der alten europäischen Geomantie geöffnet.

«Jeder und jede von uns hegt den Wunsch, einen Ort zu finden, wo man sich wohl fühlt, Kraft schöpfen kann, um unbelastet den Augenblick der Gegenwart bewusster geniessen zu können.»
Blanche Merz

2. Auflage, 2008

AT Verlag, Baden und München
Lektorat: Karin Breyer, Freiburg i. Br.
Umschlagbild: Johannes Groht, www.ur-bild.de
Gestaltung und Satz: Heidy Schuppisser, Ennetbaden
Druck und Bindearbeiten: Kösel, Krugzell
Printed in Germany

ISBN 978-3-03800-278-9

www.at-verlag.ch

Inhalt

Einleitung

Die Welt besteht aus schwingenden Feldern,
die miteinander kommunizieren.
Ausser der stofflichen gibt es noch viele andere
Dimensionen des Lebens.
Bewusstsein und Materie beeinflussen einander gegenseitig.

Was sich liest wie Leitsätze der Magie, entstammt nicht einem alten Zauberbuch, sondern ist Teil der modernen Physik. Diese geht nicht länger von einer Welt der festen Körper aus, weshalb es vielen Menschen leichter fällt, die alte Kunst der Geomantie zu verstehen, nach deren Lehre die Erde weniger eine Kugel aus Materie als ein energetisches Gewebe darstellt. Es ist wohl nicht zufällig, dass seit der Einführung der Quantenphysik die Vorstellung von kraftvollen Orten und Landschaften ins Bewusstsein der Menschen zurückgekehrt ist.

Der Begriff Orte der Kraft kam in den sechziger Jahren als *places of power* durch Kontakte mit Vertretern amerikanischer Indianerstämme nach Europa. Von aussergewöhnlichen Orten wird in allen Kulturen und Weltreligionen berichtet. Texte des Hinduismus, Buddhismus, Taoismus weisen ebenso wie die Bibel auf heilige Orte, wo Seherinnen und Propheten tiefe Einblicke in andere Dimensionen hatten oder gar mit Gottheiten sprachen, wo sich Wunder ereigneten, Ratsuchende Antworten und Kranke Heilung fanden. Sie befinden sich an Quellen, Seen, auf Hügeln, Bergen, in Wäldern oder Schluchten – Orte, die bei den Naturvölkern noch heute Teil des religiösen und kulturellen Lebens sind.

Was ist unter einem Kraftort zu verstehen? Die alte Kunst der Geomantie beruht auf der Beobachtung, dass die universelle Lebenskraft von Ort zu Ort durch Faktoren wie Topografie, Untergrund, unterirdisches Wassergerinne, geografische Ausrichtung oder der Lage entlang sogenannter Erdmeridiane verändert wird. Es versteht sich, dass in der geografischen und geologischen Vielfalt Europas zwischen Meeresufern und Gebirgen entsprechend viele solcher Orte zu finden sind. Die moderne Geomantie weist zudem auf Einflüsse des Erdmagnetfeldes hin, der Bodenelektrizität, der natürlichen Radioaktivität, der Weltraumstrahlung, der Grundstrahlung, der magnetischen Gitter oder des Grundwassers. Ausserdem scheinen Kraftorte mit geheimnisvollen, über die Erde verlaufenden Linien verbunden zu sein. Diese werden mal als gerade, mal als der Topografie folgend beschrieben und haben offenbar dieselbe Funktion wie die Meridiane oder Energiebahnen im menschlichen Körper. Dazu kommen verschiedene andere feinstoffliche Kräfte, welche noch nicht oder gar nicht messbar sind. Man geht zunehmend davon aus, dass diese verschiedenen Faktoren lediglich Aspekte der einen universellen Lebenskraft sind, welche sowohl nach dem Bild der Naturmystik als auch nach dem Modell der modernen Physik hinter der mit den Sinnen fassbaren, materiellen Welt wirkt. Seit diese von einem vielschichtigen Gewebe miteinander kommunizierender Schwingungsfelder ausgeht, hat die Welt ihre festen Formen verloren. Was wir sehen, fühlen, hören, riechen und berühren, ist demnach das äussere oder die momentane Gestalt des jeweiligen Schwingungs- oder Kraftfeldes.

In unserer Wahrnehmung fliessen Innen und Aussen ineinander über, denn die Natur der Orte oder Landschaften mit ihren Formen und Farben ist mit ihrem jeweiligen Schwingungsfeld untrennbar verbunden. Auf dieser Sichtweise basiert die Signaturlehre, die aus den äusseren auf die inneren Eigenschaften schliesst (was übrigens jeder Mensch tut, wenn er jemand zum ersten Mal sieht). Ein Ort ist also Abbild des lokalen Schwingungsfeldes, vergleichbar mit einer Spiegelung. Sein Einfluss auf uns ist sehr unterschiedlich – beispielsweise wirkt eine enge Schlucht anders als eine breiter Hügelrücken. Kraftorte sind demnach weniger räumliche Zonen als dynamische Kraftfelder, die einen ortstypischen Geschmack haben und entsprechend auf uns wirken. Daraus erklärt sich, weshalb in den von landschaftlicher Vielfalt und Gegensätzen geprägten Regionen Europas eine enorme Dichte an kraftvollen Orten zu finden ist, denn ebenso erhaben, atemberaubend, idyllisch und inspirierend, wie sie sich unserem Auge zeigen, ist die dahinter wirkende «energetische Landschaft».

Wir befinden uns ständig in einem energetischen Austausch mit unserer Umgebung. Wie dieser vor sich geht, lässt sich nicht genau nachweisen. Eine Erklärung bietet das Modell der Resonanz. Wir kennen es vor allem aus dem Bereich der Akustik, wo sich ein Ton von einem Klangkörper auch ohne physischen Kontakt auf einen anderen überträgt. Nach diesem Prinzip resonieren die feinen Schwingungen der natürlichen Kraftfelder mit unserem Organismus (der ebenfalls ein Schwingungsfeld ist) und stimmen ihn wieder auf seine Frequenzen ein. Dadurch wird grundsätzlich der Energiefluss gefördert, aber auch Geist und Gemüt werden von den besonderen energetischen Eigenschaften des Ortes bewegt und angeregt.

Die meisten Menschen fühlen sich auch ohne solche Überlegungen von bestimmten Orten angezogen. Viele berichten, dass sich dort ihr Zeitempfinden verändert, ein scheinbar kurzer Aufenthalt einige Stunden dauerte. Einfach da zu sein und nirgends mehr hin zu wollen ist ein typisches Gefühl an kraftvollen Orten; ebenso die Erfahrung, Teil des Lebensgewebes zu sein, oft verbunden mit intensiven Erlebnissen und eindrücklichen Erkenntnissen. Solche Auszeiten sind für die körperliche und geistige Gesundheit ebenso wichtig wie die Versorgung durch die Schulmedizin.

Der Mensch lebt in der materiellen, aber ebenso in der spirituellen Dimension – losgelöst von persönlichen Sorgen und Beschränkungen. An Orten der Kraft fällt es leichter, sich dieser anderen Dimension hinzugeben. Dies ist weder eine Marotte von Esoterikern noch ein Luxus für gelangweilte Zeitgenossen. In diesem losgelösten Zustand ist der Organismus offen für mannigfaltige Einflüsse und feinstoffliche Energien. Die Wahrnehmung wird weniger rigoros gefiltert als üblich, und man beginnt, sich wieder als ganzer Mensch zu spüren. Zahlreiche Menschen in der industrialisierten Welt haben verlernt, ihrer Wahrnehmung zu vertrauen, lassen sich sozusagen die Welt von anderen vordenken. Dies bedeutet einen Verrat am eigenen Selbst und kommt einer Missachtung des Wertvollsten gleich, was uns mit dem Leben gegeben wurde.

Traditionelle Kraftorte und Kultplätze

Bei Kultplätzen des Altertums gefundene Opfergaben, wie Kleidernadeln, Arm- und Halsringe oder Votivbeile, zeugen von einem religiösen Leben, das offenbar zutiefst von mystischen Naturerfahrungen geprägt war. In den vergangenen drei Jahrzehnten erwies sich, dass diese traditionellen Plätze noch heute intensive Schwingungen verbreiten. Sensible Menschen nehmen dort starke Kraftfelder wahr; obwohl man kaum von deren Bedeutung weiss, werden sie oft von der lokalen Bevölkerung rege besucht, «weil man sich dort wohl fühlt». Daraus lässt sich folgern, dass die Menschen des Altertums die Kräfte der Natur offenbar wahrnahmen und nutzten, indem sie für ihre Siedlungen oder Kultplätze bewusst kraftvolle Orte wählten. Die meisten dieser Orte lassen sich analog den vier Grundelementen der Antike in ebenso viele Kategorien einteilen.

- Naturnahe Wälder, alte Bäume, Orte mit üppiger Vegetation.
- Felsen, Höhlen, Steinblöcke, Schluchten.
- Gipfel, Hügel, Grate, Hochebenen, Naturterrassen.
- Quellen, Bächen und Flüsse, Seen, Moore, Auen.

Andere, durch Funde belegte Kultplätze befinden sich an geografischen, topografischen Lagen, wie etwa Geländesporne, Flussschleifen, Zusammenflüsse von Gewässern, aber auch im Bereich von stark strahlendem Grundgestein, geologischen Verwerfungen oder Kontaktzonen verschiedener Gesteine. Oft finden sich an deren Standorten üppiger Wuchs der Vegetation, heilige Pflanzen des Altertums, wie Holunder, Misteln, Stechpalme oder Tollkirsche, aber auch alte Bäume oder solche mit Verwachsungen.

Nahezu überall, wo Menschen lebten, fanden sich Spuren antiker Kultplätze. Zahlreiche Weihgaben wurden gehoben, welche teilweise über die Eisen- und Bronzezeit bis in die Jungsteinzeit zurückreichen. Diese Plätze werden von zunehmend mehr Menschen als kraftvolle Orte wieder geschätzt und ihre lange vernachlässigte Bedeutung als wichtige kulturhistorische Stätte erkannt. Sie sind zwar im Ausmass nicht mit den antiken Anlagen des Nahen Ostens vergleichbar, reichen aber ebenso weit in die Vergangenheit zurück. Die Menschen besuchten ihre Heiligtümer zur Rückbindung an die Natur und die schöpfende Kraft, als Plätze der Einkehr und Meditation, Rituale und Feiern, Heilung und Erholung oder Inspiration und Einsicht. An manchen Orten lebt diese Tradition ungebrochen bis heute weiter, denn die meisten der alten Kirchen, Kapellen und Gebetsstöcke wurden auf Standorten alter Kultplätze gebaut.

Fachleute aus dem Bereich der Geomantie, Geobiologie oder Radiästhesie haben in den letzten Jahrzehnten festgestellt, dass diese Orte ausserordentlich hohe Werte an Bioenergie aufweisen. Man kann deshalb davon ausgehen, dass die Kultplätze des Altertums stets auch bedeutende Orte der Kraft sind.

Wie die Geomantin Blanche Merz treffend bemerkte, wünscht sich jeder Mensch, Orte zu finden, wo er sich wohl fühlt, Kraft schöpfen und unbelastet den Augenblick der Gegenwart geniessen kann. Aber wie findet man sie? Wir halten uns an den Naturgelehrten Paracelsus, der vor fünfhundert Jahren empfahl, bei solchen Fragen direkt im Buch der Natur zu lesen und zu versuchen, aus der vielfältigen Überlieferung die aus Formen und Zeichen bestehende Schrift dieses Buchs zu rekonstruieren. Aus ihnen lässt sich ableiten, wie man in der Topografie und Beschaffenheit der Landschaften, in Orts- und Flurnamen, in der Vegetation oder in Berichten über besondere Ereignisse und Sagen Hinweise auf kraftvolle Orte findet. Aus der Beschaffenheit dieser Standorte lässt sich die antike europäische Geomantie, von der bloss noch Bruchstücke überliefert sind, wieder zu einem ganzen Bild zusammenfügen.

Die beseelte Natur spricht für sich selbst. Um sie zu verstehen, braucht es keine Priester, Professoren oder Gurus. Sie beruht auch nicht auf Theorien oder Glaubensvorstellungen, und ihre Aussagen sind universell. Jeder, der sich dafür interessiert und bereit ist, sich auf die Natur einzulassen, kann ihre Kraft und Weisheit selbst wahrnehmen.

Moderne Menschen haben die Beziehung zur natürlichen Mitwelt häufig in einem Mass verloren, dessen sie sich kaum bewusst sind. Wer die Welt auf Sinneswahrnehmungen und rationale Theorien reduziert (ich glaube nur, was ich sehe, was wissenschaftlich gemessen werden kann und theoretisch nachweisbar ist), handelt möglicherweise aus einer tief liegenden Furcht vor dem pulsierenden, vieldimensionalen Leben. Im Zuge dieser Entfremdung von der Natur sind die meisten kraftvollen Orte vergessen worden, viele wurden nie entdeckt. Die Menschheit hat die äussere materielle Welt bis ins kleinste Detail erforscht – aber dabei das Verständnis für das Ganze verloren. Insbesondere sind die energetisch-spirituellen Eigenschaften der Natur zu einer unbekannten Welt geworden. Wir stehen wie Pioniere vor der faszinierenden Aufgabe, diese vielschichtige Welt zu erkunden und wieder zu unserer zeitlosen Heimat zu machen.

Dazu braucht es etwas Neugier, Abenteuergeist und die Bereitschaft, mit offenem Sinn und Geist die Landschaft zu erforschen. Wer von einem Ort angezogen wird, sollte sich Zeit lassen, um sich seinem Schwingungsfeld zu öffnen. Dies fällt nicht allen leicht, denn die meisten Menschen können heute kaum noch eine Stunde an einem ruhigen Ort in der freien Natur still sitzen. Doch dieses Sich-Zeit-Lassen, Die-Zeit-Loslassen, ist ein wesentlicher Faktor der Übertragung der Kraft und Weisheit der Erde. So banal dies klingen mag, man muss sich zuerst «leeren», um erfüllt zu werden. Erst in der Stille kann das innere Ohr das Geflüster der Zellen vernehmen, über welche alle Lebewesen innig miteinander verbunden sind.

Meine Quellen

Während der vergangenen drei Jahrzehnte der Erforschung kraftvoller Orte stützte ich mich auf die Literatur zur Geschichte des Altertums, auf volkskundliche Überlieferungen, ethnologische Berichte über naturnah lebende Volksgruppen und auf die zahlreichen Erlebnisse bei meinen Streifzügen durch die verschiedenen Dimensionen der Natur. Immer wieder inspirierend waren die vielen Begegnungen mit Menschen, die noch eine lebendige Beziehung zur Tradition ihrer Kultur pflegten. Dazu gehören Indianer und Indios, wie sie bei uns genannt werden, Angehörige tibetischer und indischer Volksgruppen, die ich im Himalaja kennenlernen durfte, und weise Menschen verschiedener Bergstämme Südostasiens. Aber auch im europäischen Alpenraum traft ich naturverbundene Menschen, welche die Erde noch in ihrer Ganzheit spüren. Oft sprachen sie erst nach Jahren der Bekanntschaft über ihre tiefsten Gedanken, und manche offenbarten mir ihre magischen Erfahrungen mit der beseelten Natur.

An dieser Stelle möchte ich auch all jene würdigen, die sich in den vergangenen Jahrzehnten den unsichtbaren Dimensionen und Mysterien der Erde zugewandt und einen reichen Wissensschatz gesammelt haben. Einige publizierten ihr Wissen in Büchern und Zeitschriften, andere teilten es mit kleinen Gruppen von Freunden. Alle liessen sie ihre Erkenntnisse in das kollektive Bewusstsein der Menschheit einfliessen. Sie legten in ihm bildhaft gesprochen Pfade an, denen all jene nun folgen können, die sich wieder in die geheimnisvolle Welt der Naturkräfte aufmachen wollen.

Heute gehen Anthropologen davon aus, dass die Menschen im Altertum zumindest ebenso klug waren wie wir. Sie entwickelten zwar keine äussere Technologie, verfügten aber über innere Fähigkeiten, die es ihren Schamaninnen ermöglichten, die Kräfte der Erde ungefiltert wahrzunehmen und ihre heiligen Orte bewusst auszulesen. Sie haben mit ihren Kultplätzen Spuren hinterlassen, die uns zurück zur Natur in die Zukunft führen.

Drei Dimensionen der Natur

Nach den ältesten Überlieferungen des indogermanischen Kulturgewebes umfasst die Schöpfung drei Dimensionen, die alle Bereiche des menschlichen Seins durchdringen. Grundsätzlich werden sie als *Trägheit, Aktivität und Achtsamkeit* bezeichnet. Im Zusammenhang mit «Kraftorten» können sie als die stoffliche, energetische und spirituelle Eigenschaft der Natur verstanden werden. In der Neuzeit wurde die Natur einzig auf die stoffliche Dimension reduziert, bis schliesslich die moderne Physik die dahinter wirkenden energetischen Vorgänge nachweisen konnte. Seither beschäftigt sich nicht nur die Physik mit der energetischen Dimension der Natur, sondern zunehmend auch die Medizin. Insbesondere Vertreter der Randwissenschaften und alternativer Methoden erforschen die energetische Ebene, beispielsweise in der ganzheitlichen Heilkunde, im Gartenbau oder in der Landwirtschaft.

Es ist auch kein Zufall, dass parallel dazu das Interesse für die unsichtbaren Kräfte der Natur und damit auch für das Phänomen Kraftort wieder geweckt wurde. Während in den objektivwissenschaftlich ausgerichteten Bereichen die Existenz einer spirituellen Dimension der Natur noch weitgehend abgelehnt wird, gilt sie in vielen alternativen Forschungsprojekten als selbstverständlicher Teil des Ganzen. Geradezu beispielhaft für das Zusammenwirken aller drei Dimensionen sind Orte der Kraft.

Die Welt der Sinneseindrücke

Die Welt aus schwingenden Feldern wird erst mittels Wahrnehmung durch die Sinnesorgane zu «Körpern». Was eigentlich «nur» Energie ist, wird über den Sehsinn und Tastsinn zu den Dingen, die durch sie reflektierten Lichtwellen zu Abbildern, Schallwellen zu Klängen, subtile molekulare Veränderung der Luft zu Gerüchen, über die Tastnerven zu festem Stoff und über den Geschmackssinn zu Aromen. Jenseits der Sinne existiert keine Materie, sondern nur noch Bewusstsein, wie dies beispielsweise in sogenannten Samadhitanks (absolut dunkle, schallisolierte und mit körperwarmen Wasser gefüllte Tanks) oder in tiefer Meditation erlebt werden kann. Der Zugang zur energetischen und spirituellen Dimension der Natur führt über die Sinneserfahrung – und nicht von ihr weg. Deshalb ist die aufmerksame Wahrnehmung der sinnlichen Reize eine Voraussetzung zum Zugang zur Kraft der Erde.

Die bewusste Wahrnehmung von Naturlandschaften mittels der fünf Sinnesorgane bildet das Gegengewicht zu den oft disharmonischen Sinneseindrücken, denen der moderne Mensch täglich ausgesetzt ist. In Anlehnung an die alten Griechen gilt: Der Geruch einer Blume, der Geschmack einer reifen Frucht, der Anblick eines Sees, der Klang der Brandung oder die Berührung eines Baumes kann im allgemeinen Sinn des Wortes heilend wirken.

Wenn die Sinne offen und wach sind, ist die Landschaft nicht länger eine Ansammlung von Begriffsschablonen. Durch die Wahrnehmung der Dinge als das, was sie wirklich sind, öffnet sich eine tiefere Dimension der Ästhetik, und der Blick wird von bestimmten Bäumen, Hügelformen oder Steinen angezogen. Folgen Sie ihm. Oft erweist sich, dass genau dieser Ort in diesem Moment schon durch sein Äusseres zum Ort der Kraft wird und entsprechend auf das Gemüt wirkt.

Schönheit heilt

Der Einfluss der materiellen Dimension der Natur auf sein Wesen ist dem modernen Menschen am ehesten bewusst. Jeder weiss aus eigener Erfahrung, wie intensiv natürliche Schönheit auf das Gemüt wirkt und innert Augenblicken die Stimmung beeinflussen kann. Vordergründig ist sie der Grund für die Faszination, welche die Natur auf uns ausübt. Ihr Einfluss wurde bereits von den Heilern des antiken Griechenlands nachgewiesen und im medizinischen Grundsatz festgehalten: Schönheit heilt. Dazu muss sie allerdings zuerst erkannt werden, denn wie der Mystiker William Blake treffend bemerkte, liegt die Schönheit im Auge des Betrachters. Um ihrer gewahr zu werden, bedarf es oft etwas Zeit und Achtsamkeit. Normalerweise nehmen wir die Dinge nicht als das wahr, was sie wirklich sind. Ihr Anblick ruft im Gehirn lediglich Begriffsbilder, virtuelle Schablonen auf, etwa «Baum in einer Wiese». Erst bei bewusster Betrachtung wird aus

der Schablone «Baum» eine kräftige Tanne, deren geschwungene Äste sich elegant im Wind wiegen, und hinter dem Begriffsbild «Wiese» zeigt sich die Vielfalt von Gräsern, Kräutern und Blumen. Wenn die Augen offen sind für das, was sie hier und jetzt anschauen, wirkt die Schönheit der Natur zunehmend intensiver, strahlender und kann im wörtlichen Sinn zu entrückenden Erfahrungen führen. Dann wird die Welt zu einer Symphonie von Formen und Farben, die das Gemüt bewegt und die Seele zum Tanzen bringt.

Unsere Umwelt hat sich innerhalb weniger Generationen stark verändert. Wer insbesondere in einer von Menschen kreierten Umgebung lebt, ist täglich unzähligen visuellen Eindrücken von unnatürlichen Formen und Farben ausgesetzt, geprägt von abstrakten, geometrischen Strukturen, und ist geradezu gefangen in der Diktatur des Rechtecks und der geraden Linien. Dazu kommt das alltägliche Durcheinander künstlich hergestellter greller Farben, welche natürliche Farbnuancen übertönen wie lautes Geschrei.

Die Formen- und Farbensprache unserer Zeit ist vom Intellekt geprägt und regt vor allem die rational-symbolische Gehirnhälfte an, die ohnehin überaktiv ist und die sinnlich-kreative Seite stark verdrängt hat. Es wundert deshalb nicht, dass sich all jene Menschen, die in städtisch-industriellen Gebieten leben, angewöhnt haben, die Sinneseindrücke weitgehend zu blockieren, zum Schutz vor unnatürlichen und oft unangenehmen Einflüssen. Dies hat zur Folge, dass das Alltagsbewusstsein auch die natürlichen Formen und Farben der Umwelt, die grundsätzlich die Funktion hätten, das Gemüt zu erfreuen, den Geist zu stimulieren und das allgemeine Wohlbefinden anzuregen, gewohnheitsmässig zu Schablonen reduziert.

Damit sind wir vor ein Problem gestellt, das die Menschheit bis vor wenigen Jahrzehnten nicht kannte; denn das, was die Sinnesorgane wahrnehmen, beeinflusst in grossem Masse das Bewusstsein und bestimmt unser Denken, Fühlen, Empfinden und Handeln, auch wenn sich viele dessen kaum gewahr sind. Dies lässt sich leicht überprüfen, wenn man eine Weile ausschliesslich künstlich geschaffene Gegenstände des täglichen Lebens betrachtet und im Anschluss daran lebendige Natur. Wie wohltuend wirken doch ihre unregelmässigen, eigenwilligen Formen und ihre unübertreffbaren Farbnuancen, die sich harmonisch ergänzen und ineinander übergehen.

Nun sind Formen und Farben letztlich Lichtwellen, die in uns tiefe Regungen auszulösen vermögen, was die Künstler aller Epochen in ihren Werken meisterhaft anwandten. Sie lernten dies von der Natur, der grössten aller Künstlerinnen, deren unbändige Kreativität immer wieder aufs Neue zu begeistern vermag oder einen überwältigt und staunend still werden lässt.

Die Augen sind die Fenster der Seele. Nach dieser Redewendung zeigt sich die Seele in den Augen. Diese blickt aber auch auf die Welt, geniesst ihre Schönheit oder verschliesst sich vor ihrer Hässlichkeit. Ohne die gewohnten Filter wird die Natur zur Augenweide, von der sich die Seele nährt.

Naturklänge

Erst wenn man unvermittelt das Plätschern eines Bachs, das Summen einer Biene oder das Rauschen des Windes in den Baumkronen hört, stellt man fest, wie sehr die Natur auch über das Gehör auf den Organismus einwirkt. Wie die Lichtwellen haben auch Klangwellen einen grossen Einfluss auf das Wohlbefinden. Im negativen Sinne erleben manche den täglichen Lärm der industrialisierten Welt als Belastung, die zu ernsthaften Störungen führen kann.

Aus dem Herzen kommende Musik, schamanische Gesänge oder Klangtherapie zeigen, dass Klänge tief in die Gefühlswelt wirken. Nichts verbindet das Gemüt so unmittelbar mit der Natur wie ihre vielfältigen Klänge. Sie sind die ursprünglichste aller Musikformen, und wenn sie nicht vom Lärm überdeckt werden, begleiten sie uns durch das ganze Leben. Wer ihnen zuhört, entdeckt eine Wunderwelt von Empfindungen. So fühlt sich zum Beispiel das Rauschen eines Flusses an, als würde man von reiner Lebenskraft durchströmt, oder das Murmeln einer Quelle verführt den Geist in geheimnisvolle Bereiche, die sich kaum in Worte fassen lassen.

Aromatherapie

Während eines gemeinsamen Spaziergangs in den Alpen kniete sich der Kulturanthropologe und Autor Wolf-Dieter Storl andächtig hin und sog genüsslich den Duft der Kräuter und Blumen durch die Nase. Die Natur bietet uns eine reichhaltige Palette an Gerüchen. Wie Bilder und Geräusche wirken auch sie tief auf das Gemüt – dies wissen seit Jahrtausenden Duftstoffhersteller und Aromatherapeuten. Tatsächlich vermag der liebliche Duft der Fichten an warmen Sommertagen, der Modergeruch am Moor oder das würzige Aroma des Wachholderbuschs unsere Stimmung spürbar zu verändern.

Sensible Stadtbewohner stellen fest, dass ihr Geruchssinn nach einigen Tagen in der Natur empfindlicher wird und sie Düfte wahrnehmen, die sie sonst nicht riechen. Es ist, als ob der Geruchssinn vom Smog eingenebelt und betäubt wird. Als Menschen sind wir vor allem «Augen- und Ohrentiere», doch sollten wir deshalb nicht auf unsere Nase verzichten. Es empfiehlt sich, die Dinge zu beschnüffeln, sich von den natürlichen Gerüchen verführen zu lassen, bis tief hinunter zu den Wurzeln des menschlichen Wesens, denn über Jahrtausende war die Nase ebenso wichtig wie Augen und Ohren, sei es zur Orientierung oder zur reinen Freude an der Vielfalt der natürlichen Gerüche.

Berührungen

Unter Menschen und Tieren gilt gegenseitiges Berühren als Geste des Vertrauens, der Freundschaft oder gar der Liebe. Durch Berührung kommt man sich näher, was auch in der Beziehung zur Natur gilt, etwa beim Berühren der rauhen Borke einer Eiche, der glatten Oberfläche eines Steins oder des rinnenden Wassers. Die Wirkung des sinnlichen Austauschs mittels des Tastsinns ist nicht zu unterschätzen, auch wenn anfänglich kaum etwas davon zu spüren ist. Mit etwas Übung wird deutlich, wie sehr durch Berührung von natürlichen Dingen unmittelbar das Gemüt berührt wird, wie unterschiedlichste Empfindungen ausgelöst werden.

In diesem Sinn ist auch die Tradition zu verstehen, in heiligen Bezirken, kraftvollen Landschaften oder besonderen Orten barfuss zu gehen oder sich gar auf den Boden zu legen – wird doch durch Berührung der unmittelbarste energetische Kontakt hergestellt. Wenn zum Beispiel die Hand einen Stein berührt, spürt zwar der Körper sich selbst, doch lässt sich kaum festlegen, wo genau die Hand aufhört und wo der Stein beginnt. Auch beim Tastsinn verwischt die Grenze zwischen Innen und Aussen. Er wirkt über die Haut (dem grössten Sinnesorgan), die uns einerseits von den anderen trennt, andererseits auch mit ihnen verbindet.

Natürlich schmeckt es am besten

Naturbelassene, rohe Nahrungsmittel, wie Früchte, Gemüse, Pilze, Beeren, Nüsse oder Kräuter, lösen über den Geschmackssinn nicht nur unterschiedlichste Empfindungen aus, sondern verbinden unmittelbar mit der Geschmackswelt der Natur. Als ursprünglichste Nahrungsmittel sind sie noch heute die Grundlage natürlicher Ernährung, bilden aber auch auf der Sinnesebene einen Ausgleich zum Geschmack industriell verarbeiteter Lebensmittel. Wer je frisch gepflückte Walderdbeeren genossen hat, weiss, welche Glücksgefühle sie auslösen können, oder wie sehr der reine Geschmack von frischem Quellwasser augenblicklich Geist und Gemüt klärt.

Das globale Kraftfeld

Vordergründig sind es ästhetische Reize, welche die Sinne verwöhnen und das Wohlbefinden steigern. Sie sind jedoch nicht der einzige Grund, weshalb die Natur die Menschen von jeher positiv beeinflusst.

Seit die moderne Physik die Welt nicht mehr als Ansammlung fester Körper definiert, sondern als Ereignis von miteinander kommunizierenden Schwingungsfeldern, lässt sich die energetische Dimension der Natur leichter verstehen. Wir leben in einem gewaltigen Feld kosmischer und irdischer Kräfte. Die kosmische Energie ist rund um die Erde etwa gleich intensiv (Fachleute sprechen von einem Energiefeld mit einer Dichte von bis zu einer Milliarde Volt pro Kubikzentimeter). Ausserdem sind wir Sonnenlicht, UV- und Röntgenstrahlen ausgesetzt sowie verschiedenen, bisher noch kaum erforschten feinstofflichen Energien, etwa den Tachyonen.

Die kosmische Energie ist Teil unserer «Nahrung», denn ohne sie könnten wir nicht physisch überleben. Normal Essende beziehen etwa ein Drittel der Energie nicht aus der Nahrung, sondern aus dem «Licht» oder der kosmischen Energie. Diese durchdringt den Organismus bis in den Kern jeder Zelle.

Das Kraftfeld der Erde ist nicht überall gleich stark (im Gegensatz zum kosmischen) und unterscheidet sich von Ort zu Ort auch qualitativ. An sich ist die ganze Erde ein Kraftort, ein gigantisches energetisches Ereignis, vergleichbar mit dem Klang eines Symphonieorchesters. Dessen einzelne Instrumente und Stimmen entsprechen den unterschiedlichen Schwingungsfeldern der Landschaften und Orte, ebenso den verschiedenen Einflüssen, wie Art und Stärke des Erdmagnetfelds (Hartmannsches Gitter), der natürlichen Radioaktivität, der Grundstrahlung, Wassergerinne oder der Luftzusammensetzung.

Ionen

Ein wesentlicher Faktor der Zusammensetzung respektive Elektrizität der Luft sind die Luftionen, gasförmige Teilchen im atomaren Bereich. Wenn die Luft stark mit positiv geladenen Ionen gesättigt ist, wie zum Beispiel in schlecht durchlüfteten Räumen oder bestimmten meteorologischen Verhältnissen, fühlen sich Mensch und Tier müde und ermatten rasch. Negativ geladene Ionen wirken dagegen anregend und vitalisierend. Ionen werden durch Zuführung von Energie negativ «geladen», wie dies etwa während Gewittern geschieht, aber auch durch Bewegung. In schnell fliessenden Gewässern, insbesondere bei Bergbächen und Wasserfällen, aber auch an Stränden, wo die Brandung gegen Steilufer und Klippen schlägt, werden aufgrund der Bewegungsenergie physikalische Vorgänge ausgelöst, durch die Elektronen frei werden, die sich mit anderen Molekülen verbinden und negativ geladene Ionen bilden. Unsere Vorfahren wussten weder von diesen Vorgängen, noch kannten sie die winzig kleinen Ionen, aber sie schätzten die gute Luft an den Ufern von Fliessgewässern, bei Wasserfällen oder an Küstenabschnitten mit starker Brandung. Während positive Ionen absinken, steigen negativ geladene auf, weshalb die Luft oberhalb von Felswänden oder Steilhängen sowie auf Hügeln und Bergen dichter mit ihren gesättigt ist. Naturverbundene Menschen suchten von jeher solche Lagen wegen der guten Luft auf und wählten sie als Standorte von Kultplätzen und Siedlungen. Ab dem 17. Jahrhundert entstanden an solchen Orten die ersten Luftkurorte. Mit negativen Ionen gesättigte Luft, im Volksmund «gute Luft» genannt, regt die körpereigenen Heilkräfte an, erhöht die physische und psychische Leistungsfähigkeit und begünstigt spirituelle Erfah-

rungen, indem sie die bioelektrischen Aktivitäten (Synapsen) im Gehirn aktivieren. Ausserdem hemmen sie die Ausbreitung von Bakterien, Pilzsporen und Luftkeimen. Kein Wunder, dass Kuren in den Bergen oder an Küsten bei vielen Krankheiten lindernd oder gar heilend wirken, bei Ermüdung oder Erschöpfung vitalisierend und regenerierend.

Nach den Sagen sollen auch die Naturgeister sehr sensibel auf Ionen reagieren, findet sich doch an Orten, wo die Luft stark mit negativ geladenen Teilchen gesättigt ist, aussergewöhnlich viele Geschichten über diese geheimnisvollen Wesen. Rational betrachtet könnte man auch sagen, dass offenbar ein Zusammenhang besteht zwischen dem Einfluss der guten Luft auf die Vorgänge im Gehirn und der Wahrnehmung von Naturgeistern.

In einem abgelegenen Alpental bot ein Zwerg einem Bauern an, während der Heuernte den Stall zu besorgen. «Aber wenn ich dort arbeite, will ich nicht gestört werden», fügte er hinzu, «ausser bei schlechtem Wetter, denn dann bleibe ich zuhause.» Nach einigen Tagen zog ein kräftiges Gewitter durchs Land, und der Bauer machte sich auf im Glauben der freundliche Zwerg sei zuhause geblieben, um die Kühe zu hüten. Als er den Stall betrat, schimpfte der Zwerg aufgeregt: «Ich sagte doch, dass du nur bei schlechtem Wetter kommen sollst.» Der Bauer brummte, es sei doch schlechtes Wetter. «Nein», schrie der Zwerg und stampfte mit dem Fuss, «bei Föhn ist schlechtes Wetter und nicht, wenn es blitzt und donnert.» Vom energetischen Standpunkt aus betrachtet, hatte der Zwerg Recht. Wenn zum Beispiel der in der Schweiz als Föhn bezeichnete Südwind bläst, fühlen sich viele Menschen wegen der überdurchschnittlichen Dichte an positiven Ionen schlaff und leiden unter Kopfschmerzen.

In der von Blanche Merz erstellten Tabelle wird die Dichte an negativen Ionen (pro Kubikzentimeter) unter verschiedenen Bedingungen ersichtlich:

In einem geschlossenen Raum	10–20
Nach einem Gewitter	1500–2500
Am Meer oder in den Bergen	4000–8000
Am Fusse eines Wasserfalls	50000

Neben der Luftzusammensetzung wird das Energiefeld der Erde lokal vom Einfluss der vier Elemente, der Topografie und den Energielinien geprägt. Die unterschiedlichen Frequenzen einzelner Orte haben gemäss ihrer Beschaffenheit einen spezifischen Einfluss auf den menschlichen Organismus. Meeresufer und Gebirge sind nicht nur äusserlich verschieden, sondern auch in ihren Kraftfeldern. In der energetischen Dimension ist ein Ort keine räumliche Zone, vielmehr ein multidimensionales dynamisches Schwingungsfeld mit einer typischen Qualität. Schwingt dieses überdurchschnittlich intensiv oder mit einer aussergewöhnlichen Frequenz, spricht man von einem Ort der Kraft.

Das Bild einer alles durchdringenden und gestaltenden Energie findet sich in sämtlichen Kulturen: Sie wird entweder von einer personifizierten Gottheit kreiert; entspringt einer göttlichen, aber unpersönlichen Quelle oder wird von einem rein materiell-physikalischen Ursprung ausgehend beschrieben. Seit Jahrtausenden versuchen Menschen sie zu ergründen. Ihre Geschichte reicht vom geheimnisvollen Mana über das chinesische Chi, das indische Prana, den Äther der Antike, die verschiedenen feinstofflichen Felder der Renaissance und Neuzeit bis zu den Modellen der modernen Physik. Wie der Wissenschaftshistoriker Marco Bischof in seinem Buch *Tachyonen, Orgonenergie, Skalarwellen* schreibt, sind diese feinstofflichen Kräfte letztlich nicht ausschliesslich als materielle Felder im Sinne der modernen Wissenschaft zu verstehen. Tatsächlich spricht vieles dafür, dass sie verschiedene Aspekte oder Frequenzen der einen Lebenskraft sind (vergleichbar mit den verschiedenen Farben respektive Frequenzen der Lichtwellen), die sich nicht messen lässt, weil das Ganze allein schon durch den Messvorgang unweigerlich in einzelne Faktoren zerlegt würde. Ebenso wenig kann ihr Ursprung wissenschaftlich ergründet werden, weil er offensichtlich jenseits der Grenzen des rationalen Verstandes liegt.

Das Bewusstsein der Erde

Seit die newtonsche Vorstellung der materiellen Wirklichkeit durch die Erkenntnisse der Quanten- und Atomphysik förmlich aufgelöst wurde, hat sich das Weltbild grundsätzlich verändert. Die Menschheit muss nun davon ausgehen, dass die Welt nicht aus «Stoff» gemacht ist (ein Baum aus Holz oder ein Topf aus Ton), sondern aus schwingenden Kraftfeldern besteht, welche miteinander in einem fein gewirkten Kommunikationsnetzwerk verbunden sind. Demnach ist alles, was die Sinnesorgane als feste Körper wahrnehmen, ein Tanz von Energie. Aber wer tanzt ihn? Seiner Natur gemäss sträubt sich der rationale Verstand zu fragen, was hinter diesen miteinander kommunizierenden Schwingungsfeldern steht. Um dieser Frage nachzugehen, muss man sich zwangsläufig vom physikalischen Weltbild lösen und sich der Welt der Mythen und damit der spirituellen Dimension des Lebens zuwenden.

Die Mystiker der alten Kulturen sahen die Welt als ein energetisches Lebensgewebe, ein Wechselspiel von himmlischen und irdischen Kräften, und dahinter wirkt ein alles umfassendes und durchdringendes Wesen. Tatsächlich scheinen jenseits dessen, was der Philosoph Alan Watts das «hautumkapselte Ich» nennt, alle Lebensformen in einem multidimensionalen Kommunikationsnetzwerk verbunden zu sein. Die Alteuropäer nahmen dieses als ein dynamisches, sich ständig wandelndes Gewebe wahr, an dem alle sichtbaren und unsichtbaren Wesen unablässig mitwirken, jedes laufend auf seine Weise die Welt mitgestaltet und in sie eingebunden ist. Wir finden diese Vorstellung unter anderem im keltogermanischen Mythos des *Wyrd* (das Werdende).

Randwissenschaftler sprechen von Informationsfeldern, Biologinnen von der sich selbst organisierenden Biodiversität, der Summe aller Lebensformen, welche das Leben steuert. Sie verweisen auf die zentrale Funktion der Zellen in der Steuerung aller Lebensvorgänge innerhalb und ausserhalb des menschlichen Organismus. Vieles deutet darauf hin, dass Zellen mittels Lichtimpulsen – unabhängig der Distanz zwischen ihnen – miteinander kommunizieren. Man spricht in diesem Zusammenhang vom «Flüstern der Zellen». Was sie sich wohl alles erzählen? Das menschliche Normalbewusstsein kann die enorme Menge an ausgetauschten Informationen unmöglich erfassen, dennoch wirken sie unmittelbar auf unbewusste Wesensbereiche.

Befinden wir uns in einem gigantischen, mehrdimensionalen Internet, in dessen virtueller Wirklichkeit sich unser Leben abspielt? Natürlich greift der Vergleich zu kurz, und doch ist das «weltweite Netz» ein zeitgemässes Gleichnis, um das geheimnisvolle *Wyrd* der Alteuropäer oder das umfassende kosmische Informationsfeld der Moderne zu veranschaulichen. Jeder einzelne Mensch verkörpert sozusagen einen «Multibillionen-Zellen-Computer» – jenseits jeder Vorstellung. Wie unermesslich müssen die Leistung und das Gedächtnis dieses kosmischen Netzwerks sein?

Die verschiedenen Modelle der Quantenphysik, Biologie oder Mystik haben eines gemeinsam: Sie gehen davon aus, dass alle Lebensformen unmittelbar miteinander verbunden sind und ständig Informationen austauschen. Demnach verfügt das Leben als Ganzes über ein umfassendes Gedächtnis, aus dem alles entsteht und in das alles wieder zurückkehrt.

Heute argumentieren selbst traditionelle Wissenschaftler, dass einzig aus Materie und Energie ebenso wenig eine Welt entstehen kann, wie ein Horde Affen die Kathedrale von Chartres bauen könnte, selbst wenn dazu das notwendige Baumaterial und eine Ewigkeit zur Verfügung stehen würde. Dazu braucht es etwas Drittes, das sich schwer fassen lässt, aber am ehesten mit dem Begriff Bewusstsein erklärt werden kann.

Ende der sechziger Jahre fiel dem Mediziner James Lovelock auf, dass die Erde unter allen anderen Himmelskörpern als einziger wie ein Lebewesen aussieht und allem Anschein nach einen übergeordneten Organismus bildet. In Zusammenarbeit mit der Zellbiologin Lynn Margulis entstand die Theorie, dass die Erde sich mittels komplexer, gegenseitig beeinflussender physikalischer, chemischer und biologischer Prozesse selbst steuert. Die beiden gaben ihrer Theorie den Namen der vorolympischen Erdgöttin *Ge* oder *Gaia*. Aus dem Chaos geboren, schuf sie als Erstes die Liebe, durch deren Anziehung die natürliche Ordnung der Dinge entstand. Darauf gebar *Gaia* die Gottheiten der Berge und den Ozean (Land und Wasser) und danach *Uranos,* den Himmel, mit dem sie die ersten Geschlechter der Titanen, Zyklopen und Riesen zeugte. Lovelock stellte fest, dass wir Bestandteil dieses Organismus sind und nicht dessen Besitzer, Mieter oder Passagier, und dass es ganz von uns abhängt, ob unsere Spezies die ihr zugewiesenen Zeitspannen überleben wird.

In den vergangenen drei Jahrzehnten kamen laufend Informationen hinzu, welche die Vermutung von Margulis und Lovelock bestätigen. Heute lässt sich ihr Modell, nach dem die Erde wie ein Lebewesen funktioniert, nicht mehr widerlegen. Im Gegenteil, das Leben auf unserem Planeten lässt sich anders nicht erklären. Die Steuerung der komplexen Vorgänge erfordert eine ebenso komplexe Intelligenz oder ein übergeordnetes, alles durchdringendes Bewusstsein. Nun spricht nichts dagegen, dass das Bewusstsein der Erde ebenso biologisch ist wie das der Menschen. Bewusstsein macht uns zu den Wesen, die wir sind. Warum sollte dies nicht für die Erde gelten? Entsprechend ihrem komplexen Bewusstsein ist sie ein sehr mächtiges Wesen. Aus dieser Perspektive betrachtet versteht man die Verehrung, die ihr bei allen Naturvölkern entgegengebracht wurde und immer noch wird.

Orte der Kraft und Kultplätze in der Geschichte

Wie bereits eingangs erwähnt, wurde der Begriff Orte der Kraft, *places of power,* Ende der sechziger Jahre von nordamerikanischen Indianern übernommen. Bei näherer Betrachtung findet man in allen Kulturen Orte, denen in der Folge besonderer Ereignisse die Bedeutung von heiligen Plätzen zukam. Ausserdem scheint die Existenz kraftvoller Orte vielen Künstlern der vergangenen Jahrhunderte nie fremd gewesen zu sein. Maler bannten die Stimmungen solcher Orte auf Leinwand, Dichter besangen sie, und Musiker liessen sich von ihnen inspirieren. Insbesondere waren es jedoch die sogenannten einfachen Menschen, die Kraftorte regelmässig aufsuchten. Sie befinden sich mehrheitlich bei Landschaftselementen wie Quellen, Seen, Höhlen, auf Hügeln, Gipfeln oder in Schluchten.

Nahe den Wohnstätten von Menschen des Altertums wurden zahlreiche Kultplätze oder Naturheiligtümer gefunden. Ein Blick zurück in die Frühgeschichte hilft, das Wesen dieser zu Kultplätze zu erfassen, sind sie doch ausgesprochen kraftvoll, wie Blanche Merz und andere Geobiologen in den letzten Jahrzehnten nachgewiesen haben.

Kulthöhlen

Die ältesten Zeugen kultischer oder religiöser Handlungen sind sorgfältig bestattete Bärenschädel, die um 1900 in einer Höhle gefunden wurden. Das Drachenloch liegt oberhalb von Vättis in den östlichen Schweizeralpen auf einer Höhe von 2475 Meter, sicher mit ein Grund, weshalb die Stätte derart lange unberührt blieb. Laut Analyse der Bodenschicht und der gefundenen Werkzeuge ist die Anlage fünfzig- bis siebzigtausend Jahre alt und zeugt von einem altsteinzeitlichen Bärenkult.

In Frankreich (Lascaux) und Spanien (Altamira) weisen die berühmten, zwischen 18000 und 13000 v.u.Z. entstandenen Höhlenmalereien auf die uralte kultische Bedeutung von Höhlen. Die kunstvollen und detailgetreuen Abbildungen verschiedener Tiere lassen auf eine schamanische Kultur schliessen. Die einmaligen, noch heute tief das Gemüt berührenden Formen und Farben lassen erahnen, wie sich Menschen in Trance versetzten und sich mit der Kraft und Weisheit der dargestellten Tiere (Urahnen) verbanden.

Während der letzten Eiszeit verwischten sich die meisten kulturellen Spuren. Als sich die Gletscher wieder zurückzogen, wanderten Pflanzen und Tiere erneut gegen Norden und in ihrem Gefolge die ersten Jäger und Sammlerinnen. Viele der Funde aus dieser Zeit (Pfeilspitzen, Schab- und Schneideklingen aus Silex, Knochen oder Horn) wurden in Höhlen gehoben, wo sie vor der Witterung und der Erosion geschützt waren. Anfänglich dienten die Höhlen auch als Rastplätze oder saisonale Wohnorte; mit der Entwicklung hin zur Sesshaftigkeit wurden sie jedoch vor allem kultisch genutzt, wie dies bereits vor der Eiszeit der Fall gewesen war. Eine Analyse von Bodenschichten und Artefakten alter Kultplätze ergab, dass sich die Geschichte der Kultplätze bis in die Mittel- und Jungsteinzeit zurückverfolgen lässt (8000–2200 v.u.Z.), wovon etwa die Tropfsteinhöhle bei Griffen, die älteste Kulthöhle in Kärnten, zeugt.

Steinkult und Quellenverehrung

Mit der neolithischen Revolution (5500 v.u.Z.), dem Wandel von Jägern und Sammlerinnen zu sesshaften Pflanzerinnen und Tierhaltern, nimmt die Zahl von Funden massiv zu. Es existieren zahlreiche Hinweise auf ein religiöses Leben, wie etwa die weit verbreiteten Mondsicheln, Muttergöttinnen (Vogelkrüge, Venus von Willendorf) oder Megalithgräber. Im Val Camonica wurden Zehntausende von steinzeitlichen Felszeichnungen entdeckt, die ältesten gehen auf das 6. Jahrtausend v.u.Z. zurück. Besonders eindrucksvoll ist die Darstellung einer offenbar religiösen Auferstehungszeremonie.

Aus dieser Epoche stammen wahrscheinlich auch die Megalithe, Felsblöcke, welche nach ihrer Anordnung, Stellung oder Bearbeitung Teil des kultischen Lebens bildeten und entsprechend Kultsteine genannt werden. Der Steinkult reicht zurück bis an den Anfang der Geschichte und war universell verbreitet. Es ist anzunehmen, dass überall, wo Menschen siedelten, Blöcke als Heiligtümer dienten, auch wenn sie weder aufgerichtet noch bearbeitet oder nach den Himmelsrichtungen ausgerichtet wurden. Einige sind unter Namen wie Heidensteine oder Teufelsblöcke bis heute bekannt, die meisten wurden jedoch von Fundamentalisten vernichtet, als Baumaterial verwendet oder gerieten in Vergessenheit. Auffällige Felsblöcke sind deshalb oft vergessene Kultsteine.

Bei Quellen gefundene Steinbeile werden allgemein als Opfergaben gedeutet; somit können die ältesten Hinweise auf den Quellenkult zur selben Epoche gezählt werden wie der Steinkult. Beile, Kleidernadeln oder Dolche aus Bronze ersetzten mit dem Beginn der Bronzezeit (zirka 2200 v.u.Z.) die steinzeitlichen Opfergaben. Sie wurden häufig bei Kultsteinen und Quellen hinterlegt oder dienten als Grabbeilagen, wie sie in den Hügelgräbern der Hallstattzeit gefunden wurden. Auf dem Monte Bego, einem 2872 Meter hohen Berg in der Nähe von Nizza, arbeiteten Menschen am Anfang der Bronzezeit zahlreiche Steinzeichnungen in den Fels; auch dort findet sich eine Darstellung, die als Einweihungsritual gedeutet werden kann.

Eisenzeit

Die Eisenzeit beginnt in Mitteleuropa um das Jahr 800 v.u.Z. mit der Hallstattzeit (bis 450) und der La-Tène-Zeit (bis 45 v.u.Z.). Mit der Hallstattzeit (bei Hallstatt waren bedeutende Vorkommen von Salz, das damals ein kostbares Gut war) werden die Beilagen in den Hügelgräbern der Oberschicht reichhaltiger. Typisch sind vierräderige Wagen, die als kunstvolle Miniaturen, aber auch in voller Grösse gebaut, den Toten mit ins Grab gegeben wurden. Möglicherweise sollten sie die Seele des Verstorbenen sicher und bequem durch die Totenwelt befördern, damit er bald wieder als Mensch geboren werde; viele Fachleute sind heute der Ansicht, dass die Alteuropäer dieser Epoche an Reinkarnation glaubten.

Während der Eisenzeit kommen allmählich die Kelten ins Licht der Geschichte. Das Wenige, was wir von ihnen wissen, stammt aus der Endphase ihrer Kultur, lässt aber auf vorangehende Epochen schliessen. Die heutige Keltenforschung geht davon aus, dass die von den Griechen Kelten, *Celtoi,* und den Römern Gallier, *Gallii,* genannten Menschen nicht ein Volk im ethnischen Sinne bildeten, sondern aus verschiedenen Gruppen oder Stämmen zusammengesetzt waren. Ihre Verbindung bestand aus gemeinsamen Vorstellungen von den gestaltenden Kräften oder Gottheiten, einem umfassenden Wissen über die Natur sowie die Kunst der Eisenverarbeitung. Die Zeit der Kelten ist in dieser Hinsicht etwa mit dem christlichen Mittelalter vergleichbar, welches eine kulturell-religiöse Einheit bildete, aber in viele Völker, Länder und Fürstentümer unterteilt war, deren lokale Eigenarten ähnlich unterschiedlich ausgeprägt waren wie vermutlich in der Eisenzeit.

Die letzte Phase der Kelten bis zum Übergang zur galloрömischen Epoche ist die am besten erforschte Zeit der Alteuropäer. Doch wann immer von der Kultur der Kelten die Rede ist, sind immer auch ihre Vorfahren der Stein- und Bronzezeit miteingeschlossen, auf deren Wissen und Können sie aufbauen konnten. Beides findet sich konzentriert in ihrer bildenden Kunst in Form von Amuletten und anderen aus Eisen und Bronze gearbeiteten Gegenständen. Verbreitet sind pflanzenähn-

liche Motive, die sich bei näherer Betrachtung in Gesichter von Menschen, Fabelwesen oder Tieren verwandeln. Sie zeigen auf anschauliche Weise, wie die verschiedenen Lebensformen miteinander verbunden sind und ineinander übergehen. Die Figuren sind oft mit geometrischen Formen verwoben, was als Hinweis auf die untrennbare Verbindung zwischen der Natur und der geistigen Welt gilt. Typisch sind auch Darstellungen von Gesichtern, die je nach Blickwinkel anders aussehen, was veranschaulicht, wie sich Dinge verändern, wenn sie aus verschiedenen Perspektiven betrachtet werden. Mit einfachsten Methoden ist es den Künstlern gelungen, das Leben als dynamischen und vernetzten Prozess darzustellen.

Die Römer benannten die Bevölkerung Westeuropas nach den Siedlungsgebieten. Rechts des Rheins hiessen sie Germanen, links von ihm Gallier. Cäsar und andere Römer beschrieben sie als sehr religiös und erwähnten einige ihrer Gottheiten. Die Bemerkung Cäsars, dass die Kelten ihre Gottheiten im Freien verehrten, also bei Naturheiligtümern, ist im Zusammenhang mit unserem Thema von grosser Bedeutung. Damit haben wir den ersten schriftlichen Hinweis auf Kultplätze und damit auf Orte der Kraft in der Geschichte Westeuropas. Mit den Römern verbreitete sich die Schrift, und damit verbunden verbreiteten sich die Weihsteine, in welche Namen von Gottheiten, wie etwa der Erdgöttin *Nerthus* oder *Chludana,* eingearbeitet wurden.

Ausserdem begann mit dem Aufstieg Roms zur Weltmacht das Zeitalter der Maurer. Auf wichtigen keltischen Heiligtümern wurden nun aus Stein oder Ziegel gemauerte Tempel erstellt. Sie standen meist zusammen mit anderen Tempeln in einer umfriedeten Anlage, in der ausser den römischen Gottheiten die alten Göttinnen und Götter weiterhin verehrt wurden. Heilige Quellen wurden zum Beispiel zu römischen Badeanlagen «umgewandelt» und unter den Schutz von römischen Quellgottheiten gestellt. Es versteht sich, dass die meisten Funde dieser letzten Epoche des Altertums entstammen und demnach umfassendste kulturelle Hinweise liefern. Sie bestätigen die Fortsetzung der Tradition, bei klassischen Kultplätzen Opfergaben zu hinterlegen und den Geist des Ortes zu ehren.

Mit der technologischen Entwicklung von der frühen Bronzezeit bis zum Beginn der Zeitrechnung nimmt die Bevölkerung stetig zu und dementsprechend die Menge der Funde aus den verschiedenen Epochen. Sie verweisen darauf, dass ausser Höhlen, Felsblöcken und Quellen auch Anhöhen, frei stehende Hügel, Schluchten, bestimmte Uferpartien oder Felsaufschlüsse als Kultplätze dienten.

Daraus lässt sich schliessen, dass solch typische Landschaftselemente auch dann Orte der Kraft bilden, wenn sie nicht als Kultplätze überliefert sind. Die alten Europäer lebten noch ganz mit den Rhythmen der Natur, ernährten sich von ihren Früchten und nutzten ihre Produkte für Behausung und Bekleidung. Entsprechend nahmen sie die Natur in ihren verschiedenen Dimensionen wahr und erforschten ihre Geheimnisse. Nach dem heutigen Wissensstand waren sie ebenso intelligent wie wir und verfügten über ein Bewusstsein, das über die biologisch-materielle Dimension hinausreichte. Sie waren weit weniger als in der Folgezeit darauf ausgerichtet, eine äussere, materielle Wissenschaft und Technologie zu entwickeln. Vielmehr galt es, innere Beziehungen und Zusammenhänge des Lebens zu erkennen, was letztlich zum Ziel hatte, das Wohlbefinden zu fördern. Sie kannten die Heilkräfte der Pflanzen, obwohl sie nichts über die chemische Zusammensetzung und Wirkungsweise wussten, und nutzten bereits früh die Heilkraft der Mineralquellen. Offenbar erspürten sie deren Schwingungen, waren sich der energetischen Dimension der Welt bewusst und wendeten ihre Erkenntnisse aktiv an, wie etwa in der astronomischen Bestimmung der Saat und Erntezeiten oder eben der Auswahl von kraftvollen Orten für ihre Kultplätze.

Die Gemeinschaften des Altertums lebten in einer aus heutiger Sicht sagenhaft anmutenden Harmonie mit der Natur. Die «Armut» an materiellen Gütern und kulturellen Errungenschaften wurde wettgemacht durch den inneren Reichtum der unmittelbaren Wahrnehmung. Einen sonnigen Frühlingstag inmitten unberührter Natur empfanden sie wohl als ekstatischen Tanz von Formen, Farben und Gefühlen. Frei von den Prägungen der Zivilisation war ihre Wahrnehmung noch sehr offen und klar.

Es ist davon auszugehen, dass zumindest einige von ihnen die gestaltenden Kräfte der Natur, also deren Gottheiten und Geister wahrnahmen und mit ihnen eine enge Beziehung pflegten. Nach den Sagen zu schliessen, wurden ihnen mitunter viele wichtige kulturelle oder zivilisatorische Errungenschaften übermittelt.

Ewige Renaissance

Wir können und wollen nicht in diese Zeit zurück. Doch seit einigen Jahrzehnten werden sich viele Menschen der industrialisierten Welt zunehmend bewusst, dass der Fortschritt und die damit verbundene Entfremdung von der Natur eine störende Einseitigkeit zur Folge hat. Diese Erkenntnis führte bei den intelligenten Menschen der Industrieländer zur Wiederentdeckung des beinahe vergessenen inneren Universums, den unbekannten Regionen des Bewusstseins, und damit auch der energetisch-spirituellen Dimension der Natur. Es scheint, als würde im kollektiven Bewusstsein das Bedürfnis nach der lebendigen Beziehung zur Erde und all ihren Wesen aufsteigen.

Wir leben in einer dramatischen Zeitenwende, die einerseits von einem rasanten technologischen Fortschritt und andererseits von der Zerstörung der natürlichen Lebensgrundlagen geprägt ist. Ähnlich wie in der Renaissance und später in der Romantik wendet sich das Interesse der Menschheit wieder vermehrt zurück zur Natur und ihren Mythen. Es scheint, als würde die Gesellschaft zwischen den zwei Polen des Biologischen und Logischen, zwischen Wahrnehmung und Theorie, zwischen Mystik und wissenschaftlichen Modellen pendeln. Wie Allan Watts bemerkte, haben wir uns möglicherweise so weit in die rational-abstrakten Konzepte verstiegen, dass sich kaum jemand erinnert, wo der Ausgangspunkt war. Lernen wir von den Bäumen, die nur so hoch wachsen und ihre Krone nur so weit ausbreiten können, als sie das Wurzelwerk vertiefen und ausdehnen.

Der Wandel des Weltbildes, dessen Zeugen wir sind, beruht auf dem Zusammenwachsen, auf der Synthese, der Naturwissenschaften und des spirituell-mystisch orientierten Wissens. Physiker werden zu Mystikern, und Mystiker finden Bestätigung ihrer Lehren in den Modellen der Physiker. Der Weg in die Zukunft führt offenbar durch den Widerspruch zwischen Logos und Biologie, zwischen Denken und Wahrnehmung hindurch. In dieser Zeit des Wandels bieten uns Orte der Kraft die Möglichkeit, zu den Quellen der Weisheit zurückzufinden und uns aus erster Hand zu orientieren.

Nach dem vornehmlich durch die Bücher des englischen Biologen Rupert Sheldrake bekannt gewordenen Modell der morphischen Felder (siehe Glossar, Seite 179), bieten die energetischen Felder solcher Orte Zugang zum Gedächtnis der Natur und zur Weisheit der Erde. Wir haben damit die Möglichkeit, ebenso im Weisheitsbuch der Erde zu lesen wie die Menschen des Altertums.

Zwar ist uns das Wissen der naturverbundenen Vorfahren weitgehend abhanden gekommen. Sie haben uns jedoch konkrete Spuren hinterlassen, die uns unabhängig von allen Spekulationen in diese Dimension zurückführen können. Die Standorte der Kultplätze und der dort gefundenen Objekte oder Steinbearbeitungen sind wie Puzzleteile, die mit der Erfahrung vieler Forscher sich allmählich zu einem Grundriss der alten europäischen Geomantie zusammenfügen. Die Wiederentdeckung der hohen Schwingungen bei antiken Kultplätzen hat zu vielfältigen Erkenntnissen bezüglich der natürlichen Kraftfelder geführt und damit den Wert der über Jahrtausende geschätzten Orte der Kraft bestätigt.

Die Funde von Opfergaben erweisen sich als eigentliche Schlüssel zur Kraft und Weisheit der Erde, denn sie sind Gaben und Gesten der Dankbarkeit und Verehrung. Mit diesen Hinweisen erbt die Menschheit einen der kostbarsten Werte des Lebens, zeigen sie uns doch, wie wir den unmittelbaren Zugang zur Natur mit all ihren Dimensionen wieder finden können. Viele Menschen haben in den vergangenen Jahren die Erfahrung gemacht, dass dies an Orten der Kraft leichter fällt.

Kultplätze lassen sich analog den vier Grundelementen in vier Kategorien einteilen: Bei naturnahen Wäldern, alten Bäumen, heiligen Hainen herrscht das Element Feuer vor. Felsen, Höhlen, Felsblöcke, Schluchten werden vom Element Erde geprägt. Auf Gipfeln, Hügeln, Graten, Hochebenen oder Naturterrassen überwiegt das Element Luft. Bei Quellen, Gewässern, Mooren oder Auengebieten wird das Schwingungsfeld vom Wasser geprägt.

Diese Landschaftselemente finden sich in Darstellungen von Sakrallandschaften aus der Antike, die offenbar den natürlichen heiligen Landschaften nachempfunden waren. Im Altertum nutzten die Menschen diese von den Elementen geprägten Landschaftsteile entsprechend ihren typischen Kraftfeldern als Kultplätze, als Kapellen der Elementargottheiten. Seither hat sich vieles verändert, aber diese Orte haben weder an Kraft noch an Geist verloren.

Von antiken Kultplätzen zu christlichen Heiligtümern

Nach dem Zusammenbruch Roms erlebte die Naturreligion der alten Europäer durch die aus Osten einwandernden Gruppen, etwa die Alemannen oder Goten, einen Aufschwung und kam gleichzeitig mit dem frühen Christentum in Kontakt, das damals noch stark von irischen Missionaren geprägt war. Viele der ersten irischen Bischöfe stammten aus alten Druidenfamilien. Sie verbanden das Evangelium mit der alten Naturmythologie zu einer Religion, in der Engel und Heilige mit Feen und Elfen friedlich zusammenlebten. An die Stelle der Muttergöttin traten

Maria, und die Erzengel und frühen Heiligen ersetzten allmählich die alten Gottheiten. Kirchenfeste wurden nach den alten Feiertagen des Sonnenjahres ausgerichtet, und die damit verbundenen kultischen Handlungen wurden entweder dem Christentum angepasst oder überlebten in leicht veränderter Form in Volksbräuchen. Bei alten Kultsteinen, verehrten Quellen oder Hügelheiligtümern wurden Kapellen und Kirchen gebaut und unter besonders ehrwürdigen Bäumen Gottesdienste abgehalten – in vielen Fällen bis ins 18. Jahrhundert, zum Teil geschieht dies auch heute noch. Auf diese Weise ging die Tradition der Kultplätze vielerorts nahtlos in das christliche Zeitalter über. Heute werden auf alten Standorten gebaute Kapellen, Klöster und Kirchen, wie die Wallfahrtskapelle Maria Elend mit den Steinblöcken im Rosental, zunehmend als Orte der Kraft besucht. Dies sollte nicht als Entweihung missverstanden werden. Orte der Kraft sind grundsätzlich nicht konfessionell, und die Ehrfurcht oder gar Verehrung, die an solchen Plätzen empfunden wird, gilt letztlich immer dem einen göttlichen Ursprung des Lebens, unabhängig davon, welcher Name ihm gegeben wird.

Spiritualität und Orte der Kraft

Eine umfassende Darstellung der «spirituellen Dimension der Kraftorte» würde den Rahmen dieses Buchs sprengen, weshalb wir uns auf den unmittelbaren Zusammenhang von Finden und Erleben von Orten der Kraft beschränken. Kultplätze und traditionelle Kraftorte sind häufig mit Sagen verbunden, die auf eine unmittelbare Verbindung zwischen den Orten und Naturgottheiten oder Elementarwesen schliessen lassen.

Anthropologen vermuten, dass bei den ältesten Kultplätzen ursprünglich eine geheimnisvolle Anwesenheit wahrgenommen wurde, die für die damaligen Menschen möglicherweise vorerst weder Namen noch Form hatte und dann allmählich zu einem göttlichen Wesen wurde. Wir wissen nicht, welche der frühen Gottheiten ursprünglich bei Kultplätzen verehrt wurden. Die Muttersymbole wie Mondsicheln oder Vogelkrüge lassen jedoch vermuten, dass die Verehrung der Erde galt, die alle Lebewesen gebar und ernährte wie eine Grosse Mutter.

Die zahlreichen Weihgaben aus der Bronzezeit lassen darauf schliessen, dass Kultsteine zumindest teilweise mit Ahnenverehrung verbunden waren und bei Quellen bereits Quellgöttinnen verehrt wurden, wie sie aus der Endphase der keltogermanischen Kultur belegt sind. Entsprechend der Bedeutung der vier Elementarkräfte im Weltbild der Antike waren die Stätten in Höhenlagen der Luftgottheit geweiht; das Feuer wurde in den Pflanzen verehrt, den irdischen Kindern der Sonne, die als einzige Wesen ihr Licht direkt in Materie umwandeln können. Wahrscheinlich gehen die Baumelfen der Sagen auf die einstigen Baumgöttinnen zurück. Aber auch Berge, Seen, Flüsse, Schluchten und das Meer galten als von Gottheiten bewohnt.

Die amerikanische Tiefenökologin Dolores LaChapelle kam aufgrund von Erkenntnissen verschiedener Wissenschaftsgebiete, wie Physik, Neurologie oder Psychologie, zum Schluss, dass der Organismus naturverbundener Menschen sehr sensibel auf Veränderungen des Energiefelds reagiert. Offenbar vermögen selbst kaum oder gar nicht messbare Einflüsse der Umwelt im Nervensystem Vorgänge auszulösen, wie etwa die Aktivierung von normalerweise passiven Verbindungen zwischen Gehirnzellen, welche zu einer veränderten Wahrnehmung führen, andere Dimensionen des Bewusstsein erschliessen. Es ist deshalb gut möglich, dass feinfühlige Menschen unter günstigen Umständen bei Orten der Kraft mit Wesenheiten kommunizier(t)en, die im Normalbewusstsein nicht existieren.

Ethnologen, welche die verschiedenen Ekstasetechniken bei Naturvölkern erforschten, berichten, wie bestimmte Spezialistinnen im Zustand des «Ausser-sich-Seins» den Geist des Ortes unmittelbar wahrnehmen. Die alten Europäer schauten sie als Gottheiten und Naturgeister und stellten sie in verschiedenen Formen dar. Uns modernen Menschen sind solche Personifizierungen fremd, was die Gelegenheit bietet, die spirituellen Manifestationen der Natur unbelastet von Namen und Formen so wahrzunehmen, wie sie erscheinen. Nach der Erfahrung traditioneller Schamanen und zeitgenössischer Bewusstseinsforscherinnen sind sie dynamische Schwingungsfelder, die erst im Versuch, sie zu erfassen, im Bewusstsein konkrete Gestalt annehmen.

Am Anfang aller Kulturen stehen Naturgottheiten und Naturgeister, die sich erst über Jahrhunderte zu den klassischen Göttinnen und Göttern des Altertums wandelten. Sämtliche Naturvölker verehren sie noch heute. Selbst in den Weltreligionen (mit Ausnahme der jüdisch-christlichen Kirchen) werden sie als untergeordnete Gottheiten verehrt, wie etwa im Hinduismus, Taoismus, Buddhismus, oder zumindest geduldet wie die Jinns im Islam. Zählt man die vielen Berichte von Menschen, die in Europa seit Jahrhunderten auf die eine oder andere Weise solche Erfahrungen hatten und auch heute haben, scheinen die Gottheiten und Geister der Natur von jeher unter uns zu sein. Damit stellt sich die Frage, ob sich all die Menschen geirrt haben oder dem aufgeklärten rationalen Geist etwas entgeht? Mystik liegt in der unmittelbaren und persönlichen Erfahrung, deshalb kann jeder die Antwort auf diese Frage nur selbst finden – und dazu eignen sich Orte der Kraft bestens.

Orte der Kraft selbst finden

Voraussetzung für das Finden und Erspüren von Orten der Kraft ist die Bereitschaft, sich in die Natur zu begeben oder die auf kraftvollen Orten erbauten Kirchen, Klöster oder Burgen aufzusuchen.

Wenn Sie natürliche Orte der Kraft in Ihrer Umgebung finden wollen, beginnen Sie am besten damit, diese aufmerksam zu durchstreifen. Und zwar zu Fuss! Am Anfang geht es vor allem darum, in sich selbst das Gespür für die Natur wieder zu entdecken. Haben Sie einen Ort gefunden, der für Sie Kraft hat, empfiehlt sich, diesen mit allen Sinnen zu erfassen, sein Schwingungsfeld zu erspüren und mit seinem Ortsgeist eine Beziehung aufzunehmen.

Gibt es allgemein gültige Kriterien für Orte der Kraft, oder ist die Energie sogar messbar? Zurzeit wird teilweise leidenschaftlich darüber gestritten, wann ein Ort ein Kraftort ist. Jene, die sich gerne auf wissenschaftliche Grundlagen stützen, argumentieren vor allem für Orte, die als Kultplätze überliefert sind. Nun muss davon ausgegangen werden, dass nur noch wenige der einstigen Kultplätze bekannt sind. In den zirka 15 000 Jahren der Nacheiszeit haben die Bewohner Europas überall, wo sie wohnten und reisten, Kultplätze eingerichtet. Sie taten dies offenbar dort, wo sie für ihre Zwecke günstige Energiefelder wahrgenommen hatten. Dazu ist zu bemerken, dass die durch Funde belegten Stätten mit der sprichwörtlichen Spitze des Eisberges verglichen werden können, also nur einen Bruchteil jener Plätze betreffen, die einst kultisch genutzt wurden. Die Landschaften sind seit der Jungsteinzeit dichter besiedelt als bislang vermutet. In dieser Epoche entstanden überall Siedlungen, die in der Bronzezeit ausgebaut und mit Neugründungen ergänzt wurden. Während der Eisenzeit wurden die ersten Städte gegründet, wie zum Beispiel die Oppida der Kelten. Die Siedlungsdichte war aber weit geringer als in der Neuzeit, weshalb davon auszugehen ist, dass wiederum nur ein Teil der dafür geeigneten Orte kultisch genutzt wurde. Sowohl die überlieferten als auch die vergessenen Kultplätze bilden deshalb lediglich einen kleinen Teil der Gesamtanlage.

Durch die Verbreitung der Radiästhesie (Muten von Energiefeldern mittels Pendel und Ruten), insbesondere des skalierten Biometers des französischen Physikers Alfred Bovis, gelten für die Anhänger dieser Methode ausschliesslich jene Plätze als Kraftorte, die einen erhöhten Wert an Bioenergie (Mass: Boviseinheiten) aufweisen. Ein Nachteil der Radiästhesie besteht darin, dass sie dazu verleitet, nur jene aussergewöhnlichen Energiefelder als existent anzuerkennen, die mit ihren Methoden gemutet werden können. Die Konzentration auf Messergebnisse ist ebenfalls ein Grundsatz der Wissenschaften, der sich im Licht neuer Erkenntnisse als falsch herausgestellt hat. Heute muss davon ausgegangen werden, dass unabhängig von der angewandten Methoden stets nur ein Bruchteil des energetischen Gewebes der Welt gemessen werden kann.

Die Bovismethode beruht auf naturwissenschaftlich nachweisbaren Parametern, wie Luftionen, Erdstrahlung, Magnetfeld, Grundwassergerinne oder Weltraumstrahlung, doch der Energiewert des bioenergetischen Felds wird mittels Pendel gemutet und festgelegt. Bovis erarbeitete eine Tabelle, um die unterschiedlichen Schwingungsqualitäten eines Ortes in Einheiten anzugeben. Die Skala wurde vom Ingenieur Simoneton geeicht und von zahlreichen Geobiologen und Geobiologinnen, wie etwa Blanche Merz, über Jahrzehnte angewendet und überprüft. Es kann davon ausgegangen werden, dass die Methode mit der als Biometer bezeichneten Tabelle genauer ist, als dies beim Pendeln generell der Fall ist. Blanche Merz, die wohl bekannteste Vertreterin der mit Hilfe des radiästhetischen Verfahrens ermittelten Werte, relativierte allerdings, dass die Methode subjektiv bleibt, und betonte stets, das empfindlichste Messinstrument sei der Mensch.

Auf dieser Grundlage arbeitet auch der Buchautor, Künstler und Geomant Marko Pogačnik, der empfiehlt, Intensität und Qualität lokaler Kraftfelder aufgrund der Körperwahrnehmung zu erspüren. Er betont, dass dabei jeder Mensch lernen muss, die eigene Körpersprache wahrzunehmen.

Es fällt vielen Menschen offenbar schwer, sich von der Idee fester Tatsachen zu lösen. Jene selbsternannten Kenner des alten

Wissens, welche allgemein gültige Kriterien zu bestimmen versuchen, was ein Kraftort ist und was nicht, und was genau im Altertum an diesen Orten geschah, erinnern an Inquisitoren, die im Wahn, die einzig richtige Wahrheit zu kennen, mühsam versuchen, allen anderen ihren Glauben aufzudrängen. Eine solche Haltung ist für sie selbst wie auch für die Sache enorm hinderlich. Ob ein Platz ein Ort der Kraft ist, kann niemals objektiv bestimmt werden. Jeder Mensch reagiert unterschiedlich auf Energiefelder. Entscheidend ist, was die Person an einem Ort wahrnimmt – unabhängig davon, ob er als Kultplatz überliefert ist oder ob erhöhte bioenergetische Werte gemessen wurden. Die Natur lehrt uns, der eigenen Wahrnehmung zu vertrauen und die Wirklichkeit nicht von Theorien oder Erfahrungen anderer bestimmen zu lassen.

Hinzuzufügen ist, dass nach dem Prinzip des polaren Ausgleichs in der Nähe von Kraftorten immer auch Stellen sind, welche Negativpole bilden und deren Energiewerte unter dem Durchschnitt liegen. Sie sind erkennbar, weil sich bei ihnen Ameisenhügel oder verkümmerte Pflanzen befinden, man von einer unerklärlichen Müdigkeit befallen wird oder gar eine deutliche Abnahme der Energie spürt.

Ende der sechziger Jahre besuchte eine Delegation amerikanischer Indianerstämme Europa, um für Unterstützung ihres Kampfes ums Überleben ihrer Kultur zu werben. Dabei erwähnten sie immer wieder den hohen Stellenwert der *places of power* in ihrer Kultur, sei es als Kultplätze für wichtige Riten oder als Plätze für die tägliche Pflege der Beziehung zur Natur und zum Ewigen. Auf die Frage, wo in Europa solche Orte der Kraft zu finden seien, antwortete ein Vertreter der Lakota, es komme ihm vor, als ob wir mitten im Wald stehen und fragen, wo die Bäume sind. Er war nicht nur von der Anzahl der kraftvollen Orte im Alpenraum beeindruckt, sondern auch von ihrer Intensität.

Kultplätze des Altertums lagen aus praktischen Gründen in der Umgebung der Siedlungen und Höfe. Sie waren Teil des täglichen religiösen Lebens, wie später die Kirchen und Kapellen. Es wäre falsch zu glauben, dass bei unseren Siedlungen keine Kraftorte zu finden sind. Die Umgebung hat sich verändert, aber der Geist ist geblieben. Man findet sie selbst in Städten, etwa in Parks (wie dem Monbijou-Park in Berlin mit seinen riesigen Platanen und Kastanien), bei alten Bäumen oder an Gewässern. Kraftorte in der unberührten Natur wirken zwar intensiver als in überbauten Gegenden; dies liegt aber weniger am Ort selbst als an unserer Einstellung. In einer naturnahen Umgebung fällt es leichter, sich den Schwingungen des Ortes zu öffnen. Trotzdem ist es nicht sinnvoll, unseren Lebensraum in einen natürlichen, positiven und einen besiedelten, daher negativen Teil zu trennen. Die Kraftorte in der näheren Umgebung sind schon deshalb wichtig, weil sie häufiger besucht werden können. Ausserdem ist es naheliegend, sich mit jenem Teil des Landes zu verbinden, in dem man hauptsächlich lebt. Naturnahe Zonen wie natürliche Mischwälder, Moore, Auen, wirken wie wahre Biogeneratoren und bilden energetische Oasen inmitten der Kulturlandschaften. Mit etwas Abenteuerlust und der Bereitschaft, den (noch unbekannten) Weg unter die Füsse zu nehmen, lassen sie sich fast überall finden.

Das Buch der Natur

Paracelsus, der grosse Universalgelehrte und Naturmystiker der Renaissance, betonte stets, wie wichtig es sei, direkt im Buch der Natur zu lesen, das er als das erste und höchste aller Bücher bezeichnete. Es ist nicht von Menschen geschrieben, die sich zwangsläufig innerhalb eines bestimmten zeitlichen und kulturellen Rahmens ausdrücken, und seine Entstehung reicht weit vor unsere Zeit zurück. Die Menschheit tritt erst in den letzten paar Zeilen auf. Die Sprache dieses Buchs ist vielschichtig, doch ihre Schrift erschliesst sich allen, die bereit sind, sich darauf einzulassen. Auch wenn die Fähigkeit, sie zu entziffern, verkümmert ist, besitzt der Mensch noch immer die Gabe, in der Landschaft zu lesen wie in einem Buch. Das Vokabular dieser Sprache nennt man in der europäischen Tradition Signatur. Sie besteht aus den Formen und Farben, Vorgängen und Strukturen der Natur, denen bestimmte Muster und Zeichen zugrunde liegen. Diese äusseren oder stofflichen Merkmale lassen auf die innere, also energetische Intensität und Beschaffenheit schliessen. Die Signatur einer Landschaft setzt sich aus zahlreichen solcher Muster zusammen, deren Summe und Beziehungen ihre innere Gestalt, ihre energetische Qualität offenbaren.

Die in den letzten Jahren erschienen Bücher über Klangbilder zeigen eindrücklich, wie Klangschwingungen (auch solche, die nicht hörbar sind) Formen erzeugen. Nach dem Umkehrprinzip gilt demnach, dass Formen und Farben Schwingungen erzeugen. Das Modell der Formenwellen wird zum Beispiel auch in der chinesischen Geomantie (Feng Shui) angewendet und bildet die Grundlage der uralten europäischen Signaturlehre, wonach das äussere einer Pflanze, eines Ortes oder auch eines Menschen der Eigenschaft des jeweiligen Schwingungsfelds entspricht.

Die Signaturlehre gilt auch für jene Landschaftsqualitäten, die sich nicht mit den Sinnesorganen erfassen lassen. Zwar bieten äussere Signaturen wichtige Hinweise, doch um die energetischen Felder wahrzunehmen, muss die Achtsamkeit auf den Organismus gelenkt werden, auf das, was ihn ihm vorgeht. Gefühle von Geborgenheit oder Freude, Erinnerungen an Kindheitserlebnisse, körperliche Empfindungen wie Kribbeln in den Fingern, Gedanken, die man zuvor noch nie gedacht hat, intensive Déjà-vu-Erlebnisse oder innere Traumbilder sind persönliche Signaturen, die Aufschluss darüber geben, welche Bedeutung ein Ort für einen hat. Wir werden auf das Erfassen von Schwingungsqualitäten beziehungsweise das Wesen eines Ortes im nächsten Kapitel näher eingehen. Zu betonen ist, dass das sinnliche Erleben der Natur zu einer vertieften Wahrnehmung seiner selbst führt und schliesslich zu einer unmittelbaren Verbindung mit der Kraft des Ortes.

Ein lokales Kraftfeld ist untrennbar mit der umgebenden Landschaft verbunden. Deshalb empfiehlt sich, diese achtsam zu durchwandern und nicht auf dem schnellsten Weg zum Ziel zu gelangen. Wer sich mit offenem Sinn und Geist auf die Landschaft einlässt, wird deren Kraftzentren bewusster wahrnehmen und geniessen. Kraftorte lassen sich überall finden. Möglicherweise sind die meisten nicht als solche bekannt, manche sind in

Vergessenheit geraten und warten darauf, wieder entdeckt zu werden. Orte von regionaler Bedeutung sind öfter als Kultplätze überliefert oder als besondere Plätze für Feiern oder Ausflugsziele bekannt, wie etwa die Iburg, der vermutete Standort der Irminsul bei Bad Driburg.

Kraftorte und Kultplätze von überregionaler Bedeutung sind weitaus bekannter: als kulturhistorische Stätten aus dem Altertum, Kirchen und Kathedralen; als markante Landschaftsmerkmale wie Berge (etwa das Kyffhäuser-Gebirge mit Burg Tilleda), grosse Felsformationen, bedeutende Moore.

Aber selbst bei einem Grossteil solch wichtiger Orte liegt ihre eigentliche Bedeutung im Verborgenen. Es empfiehlt sich deshalb, sich danach umzuschauen, gibt es doch noch so manches zu entdecken.

Die europäische Geomantie

Die Geomantie des europäischen Altertums (heute auch Landschafts-Feng-Shui genannt) ist Teil eines von Indien über Eurasien bis nach Amerika verbreiteten Modells zur Wahrnehmung und Klassifizierung der unterschiedlichen Kraftfelder der Erde. Es unterscheidet sich vom chinesischen Feng Shui vor allem darin, dass es auf vier Elementen beruht (und nicht auf fünf). Die Quintessenz der vier Elemente, im Altertum Äther genannt (nicht zu verwechseln mit dem chemischen Stoff), steht «über» ihnen und hat die Funktion, sie zu verbinden oder zu beleben, und entspricht der nicht manifestierten Lebenskraft.

Auf dem oben angesprochenen Grundraster, das sich anhand vieler Hinweise aus der frühen Kulturgeschichte Europas ergibt, lässt sich dessen Geomantie in manchen Teilen rekonstruieren. Das Wissen von den Indianern (Lebensrad) oder dem indischen Vastu ist hilfreich, muss aber stets von den dort dominierenden soziokulturellen Verhältnissen losgelöst werden. Leben gründet auf der Vielfalt in der Einheit und lässt sich nicht auf eine Monokultur vereinheitlichen, wie sie etwa im Zuge der Globalisierung postuliert wird. Wir stehen sozusagen am

Anfang eines tieferen energetisch-spirituellen Verständnisses der Erde und ihrer Kräfte, vergleichbar mit den Pionieren, die seinerzeit ihre materielle Dimension erforschten, vermassen und kartierten.

Geometrie

Die Geometrie ist eine der «heiligen» Wissenschaften der Antike, die auch Bereiche wie Spiritualität oder Kunst umfasste und weitaus vielschichtiger war als heute. An der Anfangssilbe Ge lässt sich leicht erkennen, dass sie ursprünglich von der Erde, ihren Formen sowie Masse abgeleitet und in dieser Hinsicht mit der Geomantie unmittelbar verbunden war. Die geometrischen Grundlagen der Geomantie beruhen auf der Vertikale (der Verbindung zwischen den Polen oben/unten), der Horizontale (der Verbindung zwischen Körpern auf der Ebene), dem Kreuz der Himmelsrichtungen und den Grundformen von Landschaftselementen (Dreiecke, Quadrate, Rundungen, Kreise) respektive den Verbindungen zwischen ihnen.

Vertikale

In der Geomantie bedeuten oben und unten auch Himmel und Erde, Geist und Körper, Bewusstsein und Materie. Wie bei allen polaren Bezügen lässt sich auch bei Vertikalen nie klar bestimmen, wo unten aufhört und oben beginnt. Unser Denken beruht auf klaren Grenzen zwischen den Dingen, die uns erst die Möglichkeit geben zu unterscheiden. Aber ausserhalb des abstrakten Denkens gibt es diese Grenzen nicht, wie dies etwa im Fall von Berg und Tal bildhaft dargestellt wird. Die beiden Pole Talgrund und Berggipfel sind klar erkennbar, aber es ist unmöglich, die Stelle zu bestimmen, wo das Tal aufhört und der Berg beginnt.

Die Vertikale als Verbindung der «grossen Polarität» von Himmel und Erde erweitert die «flache» Erde in die dritte Dimension und potenziert damit ihre Kraft. Die ältesten von Menschen geschaffenen vertikalen Strukturen sind die auf der ganzen Welt vorkommenden Menhire oder Langsteine, die wie Säulen oder Antennen aufgestellt wurden, um unter anderem die irdischen und kosmischen Kräfte zu konzentrieren und über die Umgebung zu verteilen. Vorbilder hierfür waren wahrscheinlich die Berge, deren Strahlung die naturfühligen Vorfahren sicher spürten, aber auch natürliche Langsteine, längliche, aufrecht stehende Felsbrocken, deren verstärkende Wirkung sensible Menschen auch heute deutlich wahrnehmen.

Das Prinzip der Menhire wirkt auch bei den Bäumen, die zwischen den Wurzeln und Kronen eine Vertikale bilden und deren Kraft ebenfalls deutlich spürbar ist. Wir finden Menhire in späteren Epochen in Form von Obelisken, Stupas, Minaretten und Kirchtürmen wieder. Letztere entstanden erst Jahrhunderte nach den ersten Kirchenbauten. Es scheint, als wollte man zuerst nicht an die Tradition der heidnischen Langsteine und andere turmähnliche Strukturen anknüpfen, wie etwa die legendäre Irminsul – eine Säule, welche vermutlich die Verbindung zwischen Himmel und Erde und den Nabel der Welten darstellte und das zentrale Heiligtum der germanischen Volksgruppe der Sachsen oder möglicherweise sogar aller germanischen Stämme bildete. Fachleute erkennen in solchen Strukturen eine Analogie zur Jakobsleiter, die ebenfalls die Verbindung zwischen Himmel und Erde darstellt, auf der Engel von unten nach oben und von oben nach unten steigen. Diese Vorstellung steht im Widerspruch zur kirchlichen Doktrin, dass Gott unerreichbar fern, hoch über der Welt der Menschen wohnt. In der asiatischen Philosophie bildet die Wirbelsäule, welche die Wurzel des Menschen mit seiner Krone verbindet und entlang der – als Folge konzentrierter Übungen, auch Yoga oder Tantra genannt – die kosmische Energieschlange Kundalini über die Energiezentren oder Chakras emporsteigt und im Menschen Himmel und Erde verbindet.

Horizontale

Die Horizontale steht für die Beziehung zwischen den Wesen der Erde, den Körpern in der Landschaft sowie im menschlichen Bewusstsein zwischen dem Ich und Du. Auf der Horizontalen verläuft der Fluss der Energieschlangen oder Erdmeridiane, die mit Megalithen angezapft und verstärkt wurden. Lineare megalithische Steinsetzungen oder Wallanlagen bilden die ältesten künstlich geschaffenen Horizontalen. Diese rätselhaften Gebilde dienten möglicherweise dazu, Meridiane zu verstärken oder auch auf bestimmte Punkte zu lenken. Gerade Verbindungslinien zwischen natürlichen Elementen in der Landschaft und Steinsetzungen sowie deren Vernetzungen dienten womöglich demselben Zweck: Sie verbanden Kultplätze zu einem Beziehungsgewebe. Sie waren möglicherweise Manifestationen der Zusammengehörigkeit dieser Orte und wurden in der Absicht erstellt, diese zu verstärken und zu erhalten.

In der sichtbaren Natur finden sich horizontale Linien in Form von Hügelkämmen oder Berggraten, denen die künstlichen Reihen, Linien und Wälle möglicherweise nachempfunden wurden. Täler und deren Fliessgewässer zählen ebenfalls zu den horizontalen Verbindungen, auch wenn sie selten geradeaus verlaufen.

Ebene Landschaften sind geprägt vom nach allen Seiten offenen Horizont, und ihr typisches Schwingungsfeld ist ausgeglichen. Sie bieten keine Möglichkeiten des Überblicks von oben (Hügel oder Berge), stellen dem Blick aber auch keine Grenzen. Während Hügel und Berge auch seitwärts abstrahlen, verläuft der Austausch zwischen kosmischen und irdischen Kräften auf ebenen Flächen stets in der vertikalen Richtung, also zwischen oben und unten. Im Vergleich zur energetischen Vielfalt der Berg- oder Hügelregionen ist die Schwingungsqualität flacher Gebiete ebenmässig und unterscheidet sich von Ort zu Ort wenig. Strukturen wie Langsteine, Türme oder Steinkreise haben eine starke Wirkung auf das sonst gleichförmige Kraftfeld.

Topografie

Gemäss den grossen Schöpfungsmythen teilte Gott oder Göttin das ursprüngliche Chaos in Ozeane und Gebirge, Wasser und Land. Meer und Berge bilden die «grosse Polarität» auf der Erde, und dies in zweifacher Hinsicht: Einerseits stehen sie für flüssig/Wasser und fest/Erde, andererseits für unten und oben (die höchsten Gipfel der Erde erheben sich über 8000 Meter und die tiefsten Meeresgräben reichen über 10 000 Meter in die Tiefe). Gegensätze sind stets auch durch Gemeinsamkeiten verbunden.

So ist am Meer und in den Bergen die Luft am dichtesten mit anregenden Ionen gesättigt. Je nach Stelle werden zwischen 4000 und 8000 pro Kubikzentimeter gemessen, was mitunter als Signatur oder Hinweis auf besonders kraftvolle Landschaften gilt. Von Küsten und Bergen berichten überdurchschnittlich häufig Sagen und Mythen, was ebenfalls auf aussergewöhnliche Kraftfelder verweist.

Meere und Berge sind natürliche Hindernisse, welche die Erde unterteilen. Über sie verlaufen deshalb wichtige Verbindungswege. Natürliche Häfen und Siedlungen an den Passstrassen waren bereits zur Steinzeit Handels- und Kommunikationszentren und zählen zu den bedeutendsten Orten der Geschichte. Andererseits befinden sich an Küsten und im Gebirge extrem abgelegene Landschaften, die seit je als Rückzugsgebiete für bedrängte Gemeinschaften, bedrohte Pflanzen und Tiere dienten.

Gegensätze sind für Menschen von jeher reizvoll, verbringen doch die Bewohner von Küstenländern ihre Ferien gerne in den Bergen und jene der Bergregionen zieht es an die Küsten. Sie schaffen dadurch einen Ausgleich, was seit Jahrhunderten ein wichtiger Aspekt in der Heilkunst ist. Bei manchen Beschwerden wirkt ein Aufenthalt in der «anderen» Region regenerierend und wird von weisen Ärzten auch heute bei verschiedenen Krankheiten oder Ermüdungserscheinungen als Therapie verordnet.

Küsten- und Bergregionen sind auch landschaftlich ausgesprochen vielfältig und reich an ästhetischen Reizen. Es ist wohl deren intensive Bioenergie, die sie zu den beliebtesten Urlaubszielen Europas macht. Jahr für Jahr reisen Millionen von Touristen ans Meer, ins Gebirge, als würden sie von den Kraftfeldern förmlich angezogen.

In Gebirgen und an Meeresküsten toben allerdings auch die intensivsten Naturgewalten. Sturmfluten auf Küstenregionen und reissende Flüsse nach heftigen Niederschlägen sind in ihrer Wirkung durchaus vergleichbar. Der Grundsatz der Signaturlehre lässt sich hier leicht nachvollziehen, denn solche äusseren Ereignisse sind stets Hinweise auf starke Spannungen – eine Voraussetzung für intensive Energieflüsse.

Meere

Die europäischen Küsten am Mittelmeer, Atlantik und Baltikum haben als Übergänge von Wasser und Land einen grossen Einfluss auf die Umwelt, denn die Meere sind riesige Wärmespeicher, weshalb das Klima in Küstenregionen oft milder ist. Dasselbe gilt für die energetischen Verhältnisse. Grosse Wassermassen sind gewaltige Reservoirs feinstofflicher Kraft, die sie an die Umwelt abgeben und weit ins Landesinnere ausstrahlen.

Die Ähnlichkeit zwischen den lateinischen Namen für Meer und Mutter zeigt, dass Wasser mit dem Weiblichen assoziiert wird. An den Küsten ist man von der «Meeresmutter» umgeben. Salze und Wasser bilden sozusagen die Ursuppe, in der das Leben entstanden ist. Das Meer wird als Ursprung, bisweilen auch als Manifestation des Unbewussten gedeutet. Tatsächlich sind die Meere weitgehend unbekannte Regionen, auch wenn versucht wird, sie mit allen Mitteln zu erforschen. Wen wundert es da, dass in ihren Tiefen Lebewesen vermutet werden, die rationale Geister der Welt der Fabeln und Mythen zuordnen.

Meeresregionen haben entsprechend den starken Energiefeldern eine reiche Mythologie. Als bekannte Mythen erscheinen die *Midgarschlange* oder *Leviathan,* riesige Ungeheuer, die möglicherweise auf uralte Meeresgöttinnen zurückgehen, wie dies etwa Barbara Hutzl-Ronge darlegt. Damit gerät die Furcht vor den Meeresungeheuern, dem Meer an sich, in unmittelbare Nähe der Furcht vor dem Weiblichen. In nichtmonotheistischen Kulturen werden das Meer und seine Göttin verehrt und im Rahmen vieler Zeremonien reich mit Blumen oder Nahrungsmitteln beschenkt. Das galt auch für die nordeuropäische Meeresgöttin *Ran,* Mutter von neun Töchtern, die offenbar mit den Meeresfrauen identisch sind. Sie sind als mächtige Nymphen zu verstehen, die wiederum zu lokalen Meeresgöttinnen wurden.

Im energetischen Sinne sind Kontaktzonen enorm kraftvoll, weil deren Gegensätze intensive Energiefelder bilden. Dies gilt insbesondere für die Meeresufer, wo das Aufeinandertreffen von Wasser und Land wie ein riesiger Biogenerator wirkt. Dies ist wohl einer der Gründe, weshalb Küstengebiete seit je bevorzugte Wohngebiete sind.

Auch hier hat die Topografie einen grossen Einfluss: Flache Uferzonen wirken zum Beispiel harmonisierend und beruhigend; an Küsten, wo die Brandung gegen Klippen oder Steilufer schlägt, wirken schon deren Geräusche intensiv auf- und anregend, und zudem ist die Luft besonders stark mit vitalisierenden Ionen gesättigt. Zuweil diese leichter sind als die restliche Luft und deshalb aufsteigen, gleicht der Aufenthalt oberhalb solcher Stellen einem wahren Energiebad, ähnlich der Luftkurorte in den Alpen. Bilden zudem steile Klippen enge Buchten, fliesst die vitalisierte Luft weniger ab, und schon aus diesem Grund sind solche Stellen günstig. Von der Brandung umspülte Felsen gehören zu den stärksten Orten an Küsten; ausser der stark ionisierten Luft spielt auch die Dynamik des Wassers eine zentrale Rolle. Wohl deshalb sollen sich Meerjungfrauen mit Vorliebe auf solchen Plätzen niederlassen. Einmündungen von Fliessgewässern sind ebenso kraftvolle Zonen, was besonders für grosse Flüsse gilt – vorausgesetzt, sie sind sauber, was leider selten genug ist.

Inseln

Inseln sind von Mythen umrankte Landschaften. So wie sie vom Festland abgetrennt und auf allen Seiten von Wasser umspült sind, wirken sie auch in der energetischen und spirituellen Dimension wie abgesonderte Orte. Manchmal werden sie sogar mit der Anderswelt gleichgesetzt, wie etwa in der keltisch inspirierten Artuslegende, wo der Leichnam des Heldenkönigs auf einem Boot zu einer geheimnisvollen Insel überführt wird. Ein schönes Beispiel ist die Insel mit dem heiligen Hain im Chiemsee.

An sich sind alle Landmassen Inseln, selbst der riesige eurasische Kontinent ist von Wasser umgeben. Die typische wässrige Inselatmosphäre zeigt sich aber insbesondere dort, wo man dem Wasser stets nahe ist und dessen Kraftfeld das Land völlig einhüllt. Solche Inseln sind geprägt von Uferlandschaften, Buchten, Klippen. Weil sie auf allen Seiten von Wasser umspült sind, wird der Einfluss der Himmelsrichtungen auf die Landschaften sowie deren Vegetation deutlich sichtbar. Ein eindrückliches Beispiel ist der Monte Capanna auf der toskanischen Insel Elba, dessen Nordseite an Oberitalien oder ans Tessin erinnert. Von Kastanien beschattete Bäche durchziehen die üppige Vegetation. Entsprechend ist die Südseite weitgehend kahl und von nackten Steinen und Felsen übersät. Die den Winden ausgesetzte Westseite mit ihren kleinwüchsigen Bäumen und Ginsterbüschen erinnert an Küstengebiete des Balkans. Die windgeschützte Ostseite ist stark bewaldet.

Inseln und insbesondere ihre Anhöhen sind ideal, um die typischen Energien der Himmelsrichtungen zu erleben. Wo sich das Wasser im Sommer aufwärmt, bilden Inseln gleichzeitig Wärmeinseln. In ihrem milden, ausgeglichenen Klima gedeihen Pflanzen, die sonst nur an südlicheren Standorten zu finden sind. Der Kontrast zur Umgebung erzeugt wiederum starke Energiefelder, was viel zur einmaligen Atmosphäre von Inseln beiträgt. Es kommt nicht von ungefähr, dass die sprichwörtliche Insel häufig ein Objekt der Sehnsucht ist und einen magischen Ort der Zurückgezogenheit und Ruhe darstellt.

Gebirge, Berge und Hügel

Gebirge sind eindrückliche Monumente der Natur und von Sagen und Mythen umrankte Landschaften, die weltweit in Religionen und Kulten von zentraler Bedeutung sind. In den Gebirgen entspringen die grossen Flüsse, welche die Ebenen bewässern und einem Grossteil der Menschheit die Ernährung sichern. Berge gelten seit je als Quellen geistiger Erneuerung. Sie bilden eine Verlängerung der Erdachse, wachsen über die Erde in den Weltraum hinaus. Auf ihren Gipfeln berühren sich Himmel und Erde. Heilige, Seherinnen, Yogis, Schamanen oder Druidinnen gingen und gehen in die Gebirge, um den Geist zu klären und die Verbindung mit dem namenlosen Ursprung und Ziel aller Wesen zu suchen. In den Mythologien sind Gebirge und Berge Wohnort der Götter (Olymp), und vielfach ist der Berg selbst Göttin oder Gott. Entsprechend werden Berggottheiten bis heute rund um den Erdball verehrt, sei dies in Weltreligionen wie Hinduismus, Buddhismus oder in lokalen Naturkulten.

Der Mythos Berg ist zu gross, zu weit und zu tief, als dass ihn auch nur annähernd erfassen zu könnte. Heute wird unter anderem versucht, die Bedeutung von Gebirgen und Bergen naturwissenschaftlich zu erklären. Tatsächlich unterscheiden sie sich in vielem von den übrigen Landschaften, wie Luftzusammensetzung, Luftdruck, Bodenstrahlung, Magnetfeld oder Weltraumstrahlung. In Gebirgen oder Bergregionen sind häufig geologische Verwerfungen und Kontaktzonen verschiedener Gesteine zu finden. Ausserdem prägt das generell rauhere Klima das Leben in den Bergen. Pflanzen, Tiere und Menschen sind widerstandsfähiger. Die kürzeren Vegetationsphasen kombiniert mit den intensiveren Sonnenbestrahlungen schaffen ein typisches Klima, eine unvergleichliche Biosphäre, ohne das ein Leben auf der Erde nicht möglich wäre. Wissenschaftlich kaum fassbar sind die der landschaftlichen Vielfalt entsprechenden Formenwellen.

Geobiologen haben festgestellt, dass die vertikale Struktur der Berge wie gigantische Antennen wirkt, welche die kosmische Energie bündeln und sie über die umliegenden Täler bis weit ins Unterland ausstrahlen. Gebirge sind riesige Steinheiligtümer, deren hohe Gipfel wie Menhire wirken. Analog zu ihrer landschaftlichen Vielfalt ist ihre energetische Topografie äusserst kraftvoll. In ihnen finden sich fast alle wichtigen Elemente der Geomantie: Gipfel, Geländeterrassen, Hochebenen, Täler, Schluchten, Heilquellen, Mineralien, Passübergänge, Höhlen, Wasserfälle, schnell fliessende Gewässer, natürliche Langsteine oder mineralreiche Seen. Und dies oft auf relativ kleinem Raum, was bildhaft gesprochen intensive und ausgesprochen dynamische Energiewirbel erzeugt. Gebirge und Berge bilden ebenso die mächtigen Energiezentren der Erde, ähnlich den Hauptchakren des menschlichen Organismus. Besonders imposante Berge, wie etwa die Jungfrau oder der Grossglockner, gelten auch innerhalb der Kontinente und Grossregionen als Zentren der Kraft.

Durch das rauhe Klima und die mit der extremen Topografie verbundenen Naturereignisse, wie Erdrutsche, hochgehende Flüsse und Bäche, Lawinen und stürmische Winde, wirkt die Natur sehr intensiv auf die Menschen. Sie lässt sich kaum in den Griff kriegen, weshalb die sagenhaften Berggeister, welche die Regionen beschützen sollen, mit diesen Naturgewalten in Verbindung gebracht werden.

Gebirge sind nicht zuletzt deshalb traditionelle Rückzugsgebiete für Menschen, deren Lebensweise von politisch-religiösen Grossmächten bedroht werden. In den Alpen sind überall natürliche Refugien zu finden, deren Geschichte, Flurnamen oder Mythen darauf schliessen lassen, dass dort die alteuropäische Kultur der Kelten, Räter, Norier oder Germanen bis ins zweite Jahrtausend n.u.Z. gelebt wurde. Aber auch bedrohte Pflanzen- und Tierarten finden in den Bergen Überlebensnischen. Für die Naturheilkunde sind Gebirge ebenso wichtige botanische Biotope wie etwa die Regenwälder.

Als grossflächige Biotope ermöglichen die Bergregionen nicht nur bedrohten Wesen und Lebensweisen ein Überleben; sie selbst sind mit Organismen vergleichbar, die sehr sensibel auf die Belastung der Umwelt reagieren. Die Alpen bilden zum Beispiel ein Quellgebiet mit riesigen natürlichen Wasservorräten im Untergrund, in Seen und Gletschern. Sollte das empfindliche Ökosystem der Berge zusammenbrechen, würden auch die meisten Bewohner im mittleren Europa ihre Lebensgrundlage verlieren. Ohne die regulierende Funktion der alpinen Natur würden die Gewässer mal versiegen, mal alles mitreissende Hochwasser führen, was beides zumindest in regionalem Rahmen in den vergangenen drei Jahren zu beobachten war. Erdrutsche, Bergstürze und Lawinen würden die internationalen Verkehrsverbindungen für längere Zeitdauer unterbrechen oder gar für immer zerstören. Bergregionen wirken wie Sensoren, die sehr empfindlich auf Veränderungen der Umwelt reagieren und wie Wächter vor den Gefahren warnen, die unsere Lebensgrundlage zu zerstören drohen. Ihre Signale sollten besser nicht ignoriert werden.

Das Kreuz der Himmelsrichtungen

Die Himmelsrichtungen ergeben sich aus der Sonnenbahn, deren mittlere Aufgangsposition (Tag-und-Nacht-Gleiche) den Osten, der Tageshöchststand den Süden und die mittlere Untergangsposition den Westen bestimmt und damit den Norden definiert. Dieser wird nachts durch den Nordstern angezeigt, um dessen Achse das Sternbild des Grossen Bären rotiert. Die Himmelsrichtungen fügen der Beziehung zwischen zwei Punkten oder Wesen eine weitere Dimension hinzu und verbinden die vier Elemente. Kreuzungen und Punkte, von denen vier Linien ausgehen, finden sich ebenfalls in Steinreihen und Verbindungslinien besonderer Orte, wie etwa um den Johannisstein bei Lage. Wo sie in der Natur auftreten, sind sie als Signatur oder Zeichen aussergewöhnlicher Orte zu verstehen. Ein bekanntes Beispiel dafür ist die Gebirgsregion um den St. Gotthard, wo die grossen europäischen Flüsse Rhein, Rhone, Donau und Po entspringen. Gegenden oder Orte, wo die Himmelsrichtungen als vier markante Landschaftselemente in einer gegenseitigen, kreuzförmigen Beziehung stehen, erzeugen die Qualität irdischer Ganzheit.

Yin und Yang

Durch die Sonnenbahn werden die Pole Tag und Nacht, Morgen und Abend sowie Sonnseite und Schattenseite gebildet, denen in der Naturmythologie aufgrund ihrer Qualitäten geschlechtliche Bezüge zugeordnet werden. Die heute allgemein verbreiteten Begriffe aus der taoistischen Philosophie für männlich und weiblich, Yin und Yang, beziehen sich ursprünglich auf die sonnige Südseite respektive schattige Nordseite der Hügel. Damit erklärt sich unmissverständlich, dass die Begriffe nicht voneinander losgelöste Teile bezeichnen, sondern verschiedene Seiten des Einen.

Der Unterschied zeigt sich vor allem an der Vegetation. Wachsen an den Südhängen doch vor allem Pflanzen, welche viel Sonne und trockene Standorte mögen. Allerdings finden sich auch an solchen Hängen schattige, feuchte Zonen – entsprechend dem schwarz-weissen Yin und Yang-Symbol, in dessen schwarzen Teil (Yin) ein weisser, im weissen Teil (Yang) ein schwarzer Punkt ist. Die Schattenseiten sind ideal für Wasser liebende Pflanzen, wie zum Beispiel Schachtelhalm, Moose und allgemein saftige, grossblättrige Pflanzen, also sogenannte krautige, üppige Vegetation. Meistens finden sich an solchen Lagen auch mehr Quellen als auf der Sonnenseite. Natürlich trifft man immer wieder auf sonnige, trockene Standorte, analog zu den feuchten Plätzen auf der Südseite.

Auf energetischer Ebene regt die Nordseite die weibliche, empfängliche, empfindsame Seite des Gemüts an. Sie steht in Verbindung mit dem Reich des Unbewussten (Nacht), des Mondes, der Sagen und Träume. Ihre typische Energie regeneriert den Körper, stimuliert die Gefühle und öffnet die Verbindung zur Intuition. Die Sonnenseite regt die männliche, aktive, nach aussen gerichtete Seite des Wesens an. Sie entspricht dem Reich des Wachbewusstseins (Tag), der Sonne, der Ideen und Abstraktionen. Ihre typische Schwingungsqualität stimuliert den Verstand, weckt die geistige Inspiration und unterstützt aktives Handeln.

Morgen und Abend

Nach Osten und damit dem Sonnenaufgang ausgerichtete Lagen haben die energetische Qualität des Morgens, des Frühlings, der Geburt oder des Neubeginns. Kultplätze, die im Bezug zu diesen Bereichen stehen, finden sich an solchen Lagen. Nach Osten ausgerichtete Orte wirken am stärksten am Morgen. Sie stimulieren entsprechende Kräfte im Menschen. Die Vegetation ist dort generell üppiger, da das Land noch nachtfeucht ist, wenn es von der Sonne bestrahlt wird. Bei Sonnenaufgang wird es intensiv energetisiert, was auch für Menschen gilt. Blanche Merz machte darauf aufmerksam, dass, wenn fünf Minuten vor ihrem Erscheinen die konzentrierte Energie auf ein aufnahmefähiges

Wesen trifft, eine Energiezunahme von fünfunddreissig Prozent am Körper gemessen werden konnte und diese Aufladung den ganzen Tag über anhält.

Aus diesen Zusammenhängen erklärt sich auch die Ostung der Kirchen, also die Ausrichtung des Chors mit dem Altar nach Osten. Das nach der Geburt des Göttlichen, dem Aufgang der (Christus-)Sonne orientierte Christentum übernahm diese Tradition von antiken Heiligtümern, bei denen die Wiederkehr der Sonne und damit das Prinzip der ewigen Wiederkehr des Lebens an sich gefeiert wurde.

Lagen Richtung Sonnenuntergang, also Westen, haben die Qualität des Abends, des Herbstes, des Todes oder Loslassens. Im nordwestlichen Alpenraum finden sich an solchen Lagen Kultsteine und Plätze mit Namen wie Hällstett oder Hellboden. Die Flurnamen beziehen sich auf die alte Göttin *Hel,* Herrin der Unterwelt. Die Sonne tritt am Abend in ihr Reich ein. Westwärts gerichtete Standorte eignen sich bestens, um sich mit der Energie des Vergehens zu verbinden, des Vergangenen, der Verstorbenen zu gedenken, den Tag und seine Geschehnisse loszulassen und sich auf die Nacht vorzubereiten. Dies schliesst bereits mit ein, dass der Nacht ein neuer Tag folgt, man mit dieser Zuversicht in die dunkle Tageshälfte eintritt. Die Abendseite ist generell trockener, weil sich die Nachtfeuchte bereits aufgelöst hat, wenn das Land der intensiven Sonnenbestrahlung ausgesetzt ist, was im Sommer bis in die späten Abendstunden der Fall ist.

Die Sonne geht nur an den beiden Tag-und-Nacht-Gleichen exakt im Osten auf, weshalb in der Geomantie auch die Sonnenwenden respektive die Punkte des jeweiligen Sonnenaufgangs und -untergangs eine wichtige Rolle spielen. Am längsten

Tag (21. Juni) steigt sie im Nordosten auf und geht im Nordwesten unter. Am kürzesten Tag (21. Dezember) befindet sich der Punkt des Sonnenaufgangs im Südosten, jener des Untergangs im Südwesten. Diese zwei Linien und die damit verbundenen vier Punkte sind daher ebenso bedeutungsvoll wie die der vier Himmelsrichtungen. Entsprechend finden sich solche Ausrichtungen bei Kultplätzen mit astronomischer Bedeutung.

Trigonometrie der Landschaft

Befinden sich bei Kraftorten drei herausragende Merkmale, wie etwa ein Felsblock, ein besonderer Baum und eine Quelle, gilt dies als Signatur eines dynamischen Kraftfeldes. Dessen Qualität wird geprägt durch die drei energetischen Faktoren und durch Bewegung, Veränderung oder Überwindung von Widerständen unterstützt. Solche Punkte bilden selten ein geometrisches Dreieck; doch wenn sie vorhanden sind, sind die Kraft und Bedeutung des Ortes entsprechend erhöht.

Zentrale Punkte

Jene Forscher, die sich mit geraden Verbindungslinien beschäftigen, betonen die Bedeutung von Punkten, von denen mehrere Linien ausgehen (oder auf sie zulaufen). Wer danach sucht, findet solche Punkte an bedeutenden antiken Kultplätzen, Heiligtümern oder an deren Stelle gebauter Kirchen und Kathedralen. In der Natur bilden oft zentrale Hügel oder Berge solche Punkte, von denen aus sich Kämme und Täler in verschiedene Richtungen erstrecken.

Als besonders bedeutungsvoll gelten Berge, die im Zentrum sind von vier in Himmelsrichtungen liegenden Bergen. Diese Konstellation wurde von der Architektur übernommen: in der Form des Kirchturms als Zentrum, umgeben von vier kleinen Ecktürmen.

Kreise und Rundungen

Rundungen beziehen sich auf die «geschlechtliche» Qualität von Orten oder Landschaftselementen. Gerundete Landschaftsteile, wie Hügel, Buchten oder Geländekanten, werden dem Weiblichen, im Altertum der Göttin oder einer Göttin zugeordnet. Dies gilt auch für das Halbrund, dem Symbol der Mondsichel, das zum Beispiel als Sattel zwischen zwei Gipfeln oder in Flussschlaufen zu finden ist.

Seit Menschengedenken gelten auch Stellen, wo Pflanzen, wie zum Beispiel Fliegenpilze, in einem Kreis wachsen, als magische und kraftvolle Orte.

Von Menschen geschaffene runde Strukturen reichen weit zurück in der Geschichte. Bei einigen der runden Wallanlagen gehen Fachleute heute davon aus, dass sie in der Jungsteinzeit entstanden, so zum Beispiel der Ringwall bei Milseburg.

Möglicherweise noch älter sind die Kromlechs, im Kreis aufgestellte Felsblöcke, wie man sie in der Bretagne findet. Auch in Mitteleuropa sollen solche Anlagen vor ihrer Zerstörung zu finden gewesen sein. Ich bin in den vergangenen Jahrzehnten bei meinen Streifzügen durch die Alpen immer wieder auf natürliche Steinkreise gestossen, die entweder aus Findlingen oder Sturzblöcken, manchmal auch aus Aufschlüssen des Grundgesteins gebildet sind. Ein alter Bergbauer und Alpenphilosoph, von dem ich viel lernen konnte, war überzeugt, dass diese «Naturkromlechs» zu den heiligsten Orten der Erdmutter zu zählen sind.

Die vier Elemente

Das Modell der vier magischen Elemente Feuer, Erde, Luft und Wasser (nicht zu verwechseln mit den chemischen Elementen) bildete eine der Hauptsäulen des antiken Weltbilds. Es wurde in der Philosophie ebenso angewandt wie in der Medizin und ist noch heute eine der Grundlagen zum Verständnis verschiedener Künste, wie der Alchemie, Astrologie und eben der Geomantie. Die Elemente wurden in der Antike nicht als Stoffe gesehen, sondern als unzerstörbare Kräfte. In der naturwissenschaftlich geprägten Sprache könnte man sie als reine Schwingungsfelder bezeichnen, aus deren Verbindung und Beziehung zueinander erst die stofflichen Felder und Formen entstehen.

Diese stellen wiederum Übergangsphasen dar, denn die Elemente verwandeln sich ineinander. Mineralsalz löst sich zum Beispiel im Wasser auf und kristallisiert sich nach dem Verdampfen wieder zu Salz. (An dieser Stelle sei darauf hingewiesen, dass Erde als eines der vier Elemente begrifflich nicht mit dem Planeten Erde verbunden ist. Dieser besteht aus der Kombination aller vier Elemente.) Nach Jean Markale haben bereits die Kelten über die vier Elemente als sichtbare Energie nachgedacht. In Feuer, Erde, Luft und Wasser sahen sie Formen des Übergangs, die es der Lebenskraft ermöglicht, sich zu verwandeln und zu regenerieren.

Wer die Elemente als gegeben und selbstverständlich sieht, wird in ihnen nichts Besonderes sehen. Bei näherer Betrachtung ist das Zusammenwirken unsichtbarer Schwingungsfelder (aus denen die mit den Sinnen wahrnehmbaren Elemente der Materie entstehen) eines der grössten Wunder, als würde ein unsichtbarer Zauberer aus einem unsichtbaren Hut eine ganze Welt hervorholen.

Aus dem Zusammenspiel der Elemente entsteht die Kraft und Qualität einer Landschaft oder eines Ortes, weshalb immer zu beachten ist, welches den prägenden Einfluss ausübt. Die Elemente bilden eine wichtige Grundlage der Sprache der Natur, ohne die das Wesen von Orten der Kraft unmöglich erfasst werden könnte.

Jakob Grimm, Märchensammler, Sprachwissenschaftler und Erforscher der germanischen Mythologie, fasste die Bedeutung der Elemente in einem Satz zusammen: «Diese alles durchdringenden, alles in sich aufnehmenden, der Schöpfung aller anderen Dinge vorausgehenden und überall wieder vortretenden Urstoffe müssen schon an sich heilig sein, ohne dass sie in nähere Beziehung zu göttlichem Wesen gesetzt werden.»

Obwohl Grimm zu seiner Zeit noch nichts von der DNS wusste, ahnte er, dass die Elemente die Grundlage des stofflichen Lebens bilden. Im Kern jeder Zelle, sei es in Pflanzen, Tieren oder Menschen, befindet sich der DNS-Code. Er wird auch als Bauplan des Lebens bezeichnet, denn in ihm befinden sich die codierten Informationen, aus welchen alle Lebewesen «gebaut» sind. Ob Amöbe, Hase oder Mensch, alle haben dieselbe DNS, und in dieser liegt das Potenzial, sich zu allen bekannten (und bisher unbekannten) Lebensformen zu entwickeln.

Nun besteht die Doppelspirale der DNS aus vier Aminosäuren (Guanin, Cytosin, Adenin, Thymin). Diese «Bausteine» entsprechen den vier Elementen und stellen ihre subtile, essenzielle Form dar. Seit der Entdeckung der DNS und ihrer vier Aminosäuren erweist sich die Lehre der Naturmystik, nach der die materielle Welt aus der ständigen Wechselbeziehung der vier Elemente entsteht, nicht mehr so rückständig und wirklichkeitsfremd.

Was wir in der stofflichen Dimension als die vier Elemente wahrnehmen, sind also bereits Mischformen, Kombinationen. Das eine kann nicht ohne die anderen drei existieren. Nur in der Verbindung mit ihnen entsteht das dynamische Feuer, die feste Erde, die bewegliche Luft und das verbindende Wasser. In diesem Sinne müsste man von Stoffen sprechen, bei denen eines der Elemente vorherrscht. Dasselbe gilt auch für Orte, die vom einen oder anderen Element dominiert sind und deshalb diesem zugeordnet werden. Deren elementare Eigenschaften werden bei Naturvölkern bewusst eingesetzt. Auch nach der Lehre der antiken Heilkunst, auf der die moderne Medizin letztlich beruht, entstehen viele Leiden, weil die vier «inneren» Elemente sich nicht harmonisch ergänzen. Wenn zum Beispiel das innere Feuer geschwächt ist, wird der Stoffwechsel gestört und der Wille zum Handeln gehemmt. Die Folgen sind körperliche Trägheit und Mangel an Durchsetzungskraft. Nach den alten Heilkünsten können in solchen Fällen Aufenthalte an Orten helfen, deren Kraftfeld vom Element Feuer dominiert ist, stimuliert es doch das innere Lebensfeuer. Ganzheitliche Heilerinnen und vereinzelt auch Schulmediziner empfehlen vermehrt zum Zwecke der Therapie Aufenthalte an solchen Plätzen.

Die Temperamente

Ähnlich wie in der äusseren Welt wirken die Elemente auch in unserem Inneren. Die Elemente im Menschen werden auch Temperamente genannt. Das Wesen der Temperamente zu kennen heisst, den Organismus zu verstehen und damit einen grossen Teil dessen, was wir als «Ich» wahrnehmen. In der antiken Heilkunst wurde ihnen deshalb viel Beachtung geschenkt. Die Therapie muss, je nachdem, welches der vier vorherrschend ist, entsprechend gestaltet werden – so die Lehre. Heute werden die Temperamente vor allem auf die Struktur der Persönlichkeit bezogen, doch ist diese bloss einer der Aspekte. Danach ist jeder Mensch entweder cholerisch (Feuer), melancholisch (Erde), sanguinisch (Luft) oder phlegmatisch (Wasser).

Die Gottheiten und Geister der Elemente

Menschen haben von jeher im wärmenden Feuer, in der festen Erde, in der beweglichen Luft und im verbindenden Wasser vier unterschiedliche Erscheinungsweisen der Natur wahrgenommen. Hinter den Dingen sahen sie das Wirken von Naturkräften, ahnten gar mächtige Gottheiten.

Die Verehrung der Gottheiten und Geister der Elemente gehört mit zu den ältesten Kulthandlungen der Menschheit, sei dies in Stammesgemeinschaften von Naturvölkern oder den Hochkulturen der Antike. In Europa hat die uralte Mythologie in Form von Naturgeistern oder Elementarwesen überlebt. Hier kennt man kaum noch die Gottheiten der vier Elemente, aber fast alle hörten zumindest als Kinder Geschichten über Elfen, Zwerge, Feen oder Nymphen, welche unmittelbar mit den Elementen verbunden sind. Anhänger der Naturmythologie vertreten die Meinung, dass die Elementargottheiten personifizierte Kräfte sind, die hinter den energetischen und stofflichen Elementen wirken und deren spirituelle Dimension darstellen. Sie zählen zu den wichtigsten Gottheiten der Menschheit überhaupt. In den Veden erscheinen sie bereits vor viertausend Jahren als *Agni* (Feuer), *Kubera* (Erde), *Vaju* (Luft) und *Varuna* (Wasser). Damals hatten sie die weit grössere Bedeutung als in den späteren Phasen des Hinduismus. Dasselbe gilt wahrscheinlich für die europäischen Mythologien, auch wenn die Überlieferung diesbezüglich verschwommen und nur noch bruchstückhaft ist.

In einem Fragment des Naturphilosophen Empedokles (zirka 450 v.u.Z.) werden die vier Gottheiten *Zeus* (Feuer), *Hera* (Erde), *Aidoneus* (Luft) und *Nestis* (Wasser) als die vier Wurzeln oder Ursachen (der stofflichen Schöpfung) bezeichnet. Sie sind in der europäischen Tradition in den Symbolen Löwe/Feuer,

Stier/Erde, Adler/Luft und Engel/Wasser überliefert, wie man sie etwa in der Alchemie, Astrologie, aber auch in der christlichen Mystik im Zusammenhang mit den vier Evangelisten findet.

Eine anschauliche Darstellung des ständigen Zusammenwirkens der Elemente ist die Karte Welt in der Bilderreihe des Tarot. Dieses ist in erster Linie ein europäisches Buch der Weisheit und damit ein wichtiger Teil unserer kulturellen Erbes. Weil die Karten seit ihrer Wiederentdeckung vor etwa zweihundert Jahren vor allem in der Wahrsagerei verwendet werden, wird ihre eigentliche Bedeutung weitgehend ignoriert. Die ältesten erhaltenen Tarotbilder stammen aus dem 14. Jahrhundert, aber vieles weist darauf hin, dass sie in der vorrömischen Mythologie Europas wurzeln. Die zweiundzwanzig Symbolbilder (Grosses Arkanum) stellen die in allen Lebensbereichen wirkenden Grundkräfte dar, vergleichbar mit den Gottheiten des Altertums.

Frau Welt, wie die *Anima Mundi,* die Weltenseele im Mittelalter genannt wurde, verbindet tanzend die vier Elemente zur lebendigen Schöpfung, denn damit die vier zu Leben werden, braucht es ein Fünftes. Jene, welche sich die wirkenden Kräfte des Universums unpersönlich vorstellen, bezeichnen diese «Quintessenz» als Äther. In der Welt der Mythologien wird diese personifiziert als Göttin dargestellt, wie etwa im vorhellenischen Griechenland Gaia oder im alten Mitteleuropa *Erda* oder Perchta. Die Elemente wurden auch als die vier Fäden bezeichnet, aus welchen die Welt gewirkt ist. Unsere *Frau Welt* stellt jenes Wesen dar, das als kosmische Weberin die Fäden zum lebendigen Gewebe des Lebens verbindet. Im Zusammenhang mit den Tarotkarten ist noch zu erwähnen, dass die vier Farben der europäischen Spielkarten ebenfalls von den Elementen abgeleitet sind. In der mittelalterlichen Gesellschaftsstruktur spiegelt sich die Idee der Elemente, in den vier Ständen der Bauern/Handwerker, Händler, Ritter und Priester. Auch der grosse Pionier der modernen Psychologie, C.G. Jung, entwickelte nach demselben Modell seine psychologischen

Aspekte der Orientierung: Das Empfinden stellt fest, dass etwas ist; das Denken, was es ist; das Fühlen, ob es einem passt oder nicht; die Intuition, woher dieses kommt und wohin es geht.

Elemente und Orte der Kraft

Eine umfassende Darstellung der Elemente würde Bände füllen. Wir beschränken uns hier auf den Einfluss, den sie auf die energetische Qualität der Kraftorte haben. Die Elemente respektive deren «Geister» sind in den schamanischen Kulturen wichtige Lehrer, die stets respektvoll angerufen und angehört werden. Die Elementarwesen (feurige Salamander, erdige Gnome, luftige Sylphen, wässrige Undinen), wie Paracelsus sie nannte, können als untergeordnete Gottheiten bezeichnet werden und ihre Energiekörper als deren typische Schwingungsfelder. Entsprechend sind die Pflanzenelfen mit der Feuergottheit, die Zwerge mit der Erdgottheit, die Feen mit der Luftgottheit und Quellnymphen mit der Wassergottheit eng verbunden. Sie bilden bei den Elementarorten eine Form des Genius Loci. Im Licht neuer Erkenntnisse über energetische Felder, die offenbar Informationen aufnehmen, speichern und weitergeben können, erscheint die Vorstellung der Ortsgeister nicht länger ein Irrglaube der dummen Vorfahren zu sein. Heute sprechen selbst traditionelle Wissenschaftler vom Gedächtnis des Ortes, in welchem Informationen aus verschiedenen Dimensionen gespeichert sind. Der Geist des Ortes ist stets als ein untergeordneter Aspekt der Erdgöttin zu verstehen, der unmittelbar mit der elementaren Qualität des Ortes verbunden ist.

Es ist anzunehmen, dass im Altertum bei allen Siedlungen den vier Elementargottheiten entsprechende Orte geweiht waren. Als solche gelten die historisch bezeugten Kultplätze, wie heilige Haine, Ahnensteine, Hügel oder Quellen. Diese elementaren Orte der Kraft wurden auf den Bildern und Fresken antiker Sakrallandschaften dargestellt, was schliessen lässt, wie wichtig sie in der damaligen Kultur waren.

Solche Plätze lassen sich überall finden; alle Orte der Kraft können dem einen oder anderen Element zugeordnet werden. Die Vorherrschaft eines Elements bestimmt die Ausprägung seines Kraftfelds; der achtsame Besucher kann mit dessen Intelligenz und Essenz in Verbindung treten. Ist die Beziehung einmal hergestellt, entsteht eine Wechselwirkung zwischen den Elementen der Umgebung und jenen im eigenen Organismus.

Feuer und seine Orte

Naturnahe Wälder (früher heilige Haine, wie etwa jener auf dem Kulthügel Hörselberg bei Eisenach), starke, alte Bäume oder Orte mit üppiger Vegetation werden dem Element Feuer zugeordnet.

Pflanzen sind die einzigen Lebewesen, die Sonnenlicht direkt in Materie umwandeln können; sie gelten als die eigentlichen Kinder der Sonne. Pflanzen bilden wiederum Brennstoff, der es erst ermöglicht, Feuer zu machen. Ausserdem wachsen Pflanzen auf dem Humus, der aus ihren abgestorbenen Teilen entsteht. Wie der legendäre Phönix verzehrt das Feuer sich selbst, wenn aus Sonnenlicht und Humus Holz entsteht und durch Verbrennen Wärme erzeugt.

Das Element Feuer entspricht dem dynamischen Aspekt des Lebens. Es manifestiert sich als Zeugungs- und Wachstumskraft und äussert sich in uns als Durchsetzungswille, der uns erst zum Handeln befähigt. Feuerorte wirken vitalisierend, indem sie das innere Lebensfeuer stimulieren. Neben Feuer im engeren Sinn des Wortes kennen wir zwei andere Wärmequellen: die Sonne am Himmel und die Wärme im Erdinnern. Im Menschen manifestiert es sich in der Körperwärme, die teilweise durch die Umwandlung von Nahrung erzeugt wird, weshalb der Magen früher auch als Ofen des Körpers bezeichnet wurde. Wir haben aber auch die Fähigkeit, Energie direkt aus der Umwelt aufzunehmen und unter anderem in Wärme umzuwandeln, wie dies etwa tibetische Mönche tun, wenn sie ihre Roben in eisiger Kälte am Körper trocknen lassen.

Feuer erzeugt Licht, ohne das wir nichts sehen könnten. Die Augen und das Licht sind unmittelbar miteinander verbunden. Was immer wir sehen, ist demnach reflektiertes Licht. Es besteht je nach Betrachtungsweise aus Teilchen, Wellen oder aus Teilchenwellen. Das Feuer bringt Licht ins Dunkle, Wärme in die Kälte – und Farbe ins Leben. Die Dinge an sich sind farblos. Das von ihnen reflektierte Licht wird erst im Gehirn zu Farben umgesetzt, die also Lichtschwingungen sind und auf Psyche und Gemüt einen grossen Einfluss haben.

Feuergeister

Feuergeister wirken als Hüter der typischen Feuerorte. Zu ihnen zählen die Pflanzenelfen, wie etwa Baumgottheiten, aber auch die kleinen Leutchen, welche naturfühlige Menschen manchmal in Wiesen und Wäldern sehen.

Ein Wanderer übernachtete in Begleitung von Freunden in einer Hütte der zentralen Alpen. Bei Tagesanbruch trat er ins Freie, um die Morgenstimmung zu geniessen. Kaum war er draussen, vernahm er feine, leise Stimmen, die von unten zu kommen schienen. Tatsächlich wimmelte die Wiese vor seinen Füssen von etwa daumengrossen Wesen. Sie waren eifrig beschäftigt und plauderten dabei ununterbrochen miteinander. Als er den Blick auf eines der Leutchen richtete, um es genauer zu betrachten, verschwand es. Kaum löste er den Fokus auf und liess den Blick umherschweifen, war die muntere Schar wieder sichtbar. «Da ich sie nicht fixieren konnte, war es mir nicht möglich zu sehen, was sie genau taten, aber mein Eindruck war, dass ihre Beschäftigung mit dem Wachstum der Vegetation und dem Humus verbunden war», erzählte er. «Allerdings sah es weniger nach Arbeit aus als nach einer ausgelassenen Feier mit den Gräsern, Blumen und Kräutern.»

Tatsächlich ist die Umwandlung von Pflanzenresten in Humus, der den Nährboden für neue Pflanzen bildet, ein Verbrennungsprozess und wird auch den Feuergeistern zugeordnet.

Nach der Naturmythologie sollen ebenso viele Elfenfamilien existieren, wie es Pflanzenarten gibt. Das Wissen über Anbau, Verwendung und Wirkung der Pflanzen wurde nach den Sagen von den Elfen an die Menschen weitergegeben; auch heute gibt es Heilerinnen, die von ihnen beraten werden. Nach der alten Naturheilkunde wird die eigentliche Wirkung der Heilpflanzen von ihrer Elfe übertragen. Elfen fühlen sich in naturnahen Landschaften mit breiter Artenvielfalt besonders wohl, weshalb Pflanzen von solchen Orten von hoher energetischer Qualität sind und deren Kraftfelder ausgesprochen regenerierend wirken, in vielen Fällen sogar Heilungsprozesse unterstützen.

Wo die natürliche Artenvielfalt gestört ist, verlieren viele Pflanzen und mit ihnen Tiere wie Insekten, Kröten oder Vögel ihre Lebensgrundlage. Aber auch die Elfen sollen in solchen Gebieten kaum mehr überleben können, weshalb sie die zersiedelten und von Monokulturen geprägten Landschaften in Scharen verlassen hätten. Naturschutzgebiete und naturnahen Regionen dienen ihnen deshalb ebenso wie den bedrohten Tieren und Pflanzen als Refugien, wo sie vor allem bei Sonnenaufgang noch immer zu sehen seien.

Natürliche Wälder

Im Altertum standen bei den Siedlungen heilige Haine, Wäldchen, die nicht der Nutzung dienten, sondern den Gottheiten geweiht waren. Sie waren Naturtempel, wo Druiden lehrten, wichtige Rituale und Feiern abgehalten wurden oder wo man einfach seine Ruhe finden konnte. Heute sind die meisten Wälder reine Holzplantagen, weshalb jeder naturnahe Wald wie ein heiliger Hain wirkt. In bestimmten Lagen können sie durchaus aus einer Baumart bestehen, wie etwa die Fichten-, Arven- oder Bergföhrenwälder der Alpen oder die Birkenwäldchen bei Mooren. Im Allgemeinen jedoch sind natürliche Wälder Mischwälder, die etwa aus Gesellschaften von Buchen, Kiefern, Erlen und Eichen bestehen. Laubmischwälder verbreiten eine andere Atmosphäre als Kiefernwälder, ein Eichenwald wirkt sinnlich und energetisch völlig anders als ein Birkenwäldchen. Auch die Gerüche sind von Wald zu Wald verschieden. Wer sich mit allen Sinnen auf den Wald einlässt, wird in ihm ein Universum entdecken.

Die ersten Menschen lebten über viele Jahrtausende im Wald, der sozusagen unsere Kinderstube ist. Wie jeder aus eigener Erfahrung weiss, spielen Kinder mit Vorliebe im Wald, und in ihm werden Erwachsene unter Umständen wieder zu träumenden und staunenden Kindern und fühlen sich dem Geheimnis der Natur eng verbunden. Im naturnahen Wald ist der Boden, die Haut der Erde, noch weitgehend unversehrt, was bedeutet, dass der natürliche Austausch zwischen den irdischen und kosmischen Kräften kaum gestört wird und eine spürbar harmonische Atmosphäre schafft. An kaum einem anderen Ort fühlt man sich Mutter Erde näher als im Wald.

Wälder bilden oft die einzig verbliebenen natürlichen Naherholungsgebiete, was sie zu ausgesprochen wertvollen und deshalb schützenswerten Zonen macht. So enthält zum Beispiel die Waldluft wesentlich weniger Schmutzteilchen als das offene Land der Umgebung und hat zudem einen höheren Gehalt an Sauerstoff. Die meisten Menschen schätzen am Wald neben der guten Luft die Ruhe, den Gesang der Vögel sowie die Abwesenheit von Gebäuden, Strassen und anderen zivilisatorischen Errungenschaften. Wir wollen damit nicht sagen, sie seien nicht gut. Wie alles andere im Leben sind sie im Mass hilfreich, aber wirken im Zusammenhang mit den feinstofflichen Kräften der Natur leider oftmals störend.

In vielen Gegenden Europas sind Wälder letzte Gebiete der Wildnis, wo die Natur sich selbst überlassen genau das tun kann, was sie für angemessen hält. Entsprechend sind Naturwälder wertvolle Biotope für Pflanzen und Tiere, die sonst kaum noch zu finden sind und schon gar nicht in ähnlicher Artenvielfalt. Begegnungen mit Füchsen, Hasen oder Rehen werden zu mystischen Erlebnissen, die das Gemüt nachhaltig bewegen. Von der relativen Wildnis des Waldes umgeben fällt es manchen leichter, sich von negativen Denkmustern zu lösen und die Beziehung zur inneren Wildnis zu finden, die ebenso der Zivilisation weichen musste wie die äussere. Der Philosoph Alan Watts verglich die Wildnis mit dem Unbewussten und war überzeugt, dass, wer sich in der einen zurechtfinde, sich im anderen zuhause fühle.

Natürliche Wälder sind «Therapiezonen» und verdienen entsprechend Wertschätzung. In ihnen lassen sich häufiger Orte der Kraft finden als in den meisten anderen Landschaften. Romantische Bachtäler, moosige Plätze, mächtige Bäume oder idyllische Pfade verführen zum Verweilen. Wer Glück hat, entdeckt sogar eine kleine murmelnde Quelle oder stösst unvermittelt auf einen verwitterten geheimnisvollen Felsblock.

Die Magie der Bäume

Richtig betrachtet sei jeder Baum eine Persönlichkeit. Die Frau, die das sagte, lehnte mit dem Rücken am Stamm einer alten Linde und strahlte vor Freude. «Hier tanke ich Kraft», fuhr sie fort, «und finde Ruhe, Frieden und manchmal sogar Weisheit». So wie sie fühlen, denken und handeln heute unzählige Menschen. Als hätten die jahrhundertelangen Verfolgungen von Baumverehrerinnen durch die Kirche und ihre Verhöhnung durch einseitig rational ausgerichtete Anhänger der Aufklärung nie stattgefunden, feiern Menschen und Bäume wieder ihre uralte Beziehung. Die Geschichte des Baumkults reicht tief in die Antike zurück und ist in allen Kulturen zu finden.

In der europäischen Naturmythologie zählten Bäume zu den wichtigsten Kultplätzen. So galt etwa die Eiche als «Kapelle» des grossen *Wotan,* die Linde war der Liebesgöttin *Freya* geweiht oder die Weide der Erdmutter *Hel.* Anders als die Religionen des Nahen Ostens war die naturverbundene Religion der Alteuropäer nicht monotheistisch – für die einen war dieser, für die anderen jener Baum wichtiger. Heilig waren sie ihnen alle. Dasselbe gilt für die Bäume, unter denen Gericht gehalten wurde – im Glaube, ihre Ausstrahlung würde helfen, ein gerechtes Urteil zu finden. Urkunden aus dem frühen 15. Jahrhundert belegen, dass bei drei nahe beieinander liegenden Ortschaften eine Tanne, eine Eiche und eine Linde als Gerichtsbaum dienten.

Vor allem in katholischen Gegenden wurde der Baumkult in Form geweihter Bäume bis in unsere Zeit gepflegt. Im Zuge der Christianisierung wurden die heiligen Bäume der Kelten und Germanen mit christlichen Symbolen versehen und als «Baumkapellen» in das religiöse Leben integriert. Die vielen Gläubigen, die zu ihnen pilgerten und unter ihren Kronen beteten, fühlten sich als gute Christen. Verbanden sie doch ihre tiefe, nicht in Worten fassbare Beziehung zum Baum mit der religiösen Verehrung von Heiligen, deren Bildnisse am Baum angebracht wurden. In vielen Fällen wurden zum Beispiel Marienstatuen in hohle Bäume gestellt, die sehr an die Baumgöttinnen des Altertums erinnerten. Bis weit in die Neuzeit versammelten sich christliche Gemeinden unter Bäumen zu ihren Gottesdiensten. Seit einigen

Jahren nimmt dieser Brauch wieder zu, etwa anlässlich der traditionellen Berggottesdienste unter alten Ahornbäumen.

An den einstigen Baumkult erinnern auch die sogenannten Namensbäume: alte, oft an kraftvollen Orten stehende Bäume, die in der Tradition der Gegend eine besondere Stellung einnehmen und mit Namen versehen wurden (etwa die tausendjährige Linde auf dem Hemmaberg). Sie werden bis heute von Tausenden besucht, sei es, um bei ihnen zu beten, Feste zu feiern, sei es, um in ihrem Schatten den Grillen zu lauschen.

Im Zentrum des Baumkults steht der Lebensbaum als Urbild der Menschheit und Symbol des Kosmos. In der alteuropäischen Tradition wurzelt er im Himmel, und seine Krone reicht bis zur Erde. Diese Darstellung ist ein Hinweis, dass sich das Leben aus der spirituellen Dimension heraus entwickelt und die stoffliche Welt nicht Ursache, sondern Ergebnis ist. Der Lebensbaum vermittelt eine weitere wichtige Botschaft: Die Menschen (und alle anderen fühlenden Wesen) sind wie Blätter durch ihn miteinander verbunden, und niemand ist wichtiger oder geringer als alle anderen! Aufgrund der Erwähnung in der Edda galt die Esche als irdische Vertreterin des Lebensbaums. Nach der Signatur der Bäume käme diese Rolle aber eher der Eibe zu, die älter wird als jeder andere europäische Baum (bis zu dreitausend Jahre) und immer grün ist (Signatur des ewigen Lebens). Sprachwissenschaftler vermuten, dass ihr alter Name *Ivo* mit dem Wort *ewa* oder ewig verwandt ist. Ein weiterer Hinweis auf ihre überragende Bedeutung ist der Spruch: «Vor den Eiben kann kein Zauber bleiben», was sie über die Welt des Zaubers oder der Trugbilder stellt und in Verbindung zum «Nichtwahn» setzt.

Bäume werden auch heute von vielen feinfühligen Menschen geschätzt. Dies gilt insbesondere für die kraftvollen alten Baumpersönlichkeiten. Gerade in der Nähe von Städten kann man zunehmend stille Begegnungen zwischen Menschen und Bäumen beobachten. Kein Wunder, denn sie sind mächtige Kraftspenderinnen. Der Baum reicht hoch in den Himmel und tief in die Erde und wirkt demnach wie eine Verlängerung unserer selbst. Unter den ausladenden Ästen auf der Wurzelscheibe sitzend, befindet man sich innerhalb eines starken Kraftfeldes.

Im Stamm steigt die polare Lebenskraft zwischen Himmel und Erde auf und ab. Tatsächlich fliesst in Bäumen messbare Energie zwischen den beiden von Wurzeln und Krone gebildeten Polen. Diese ist wiederum als Hinweis oder Signatur auf die feinstoffliche Energie zu verstehen, welche Bäume an ihre Umgebung abgeben.

Unter einem Baum sitzend, können wir Kraft tanken. Die Wurzeln unter unserem Wurzelchakra sind unmittelbar mit der Erde verbunden, die Krone über unserem Kronenchakra mit dem Himmel, und der Stamm, an dem wir mit dem Rückgrat lehnen, verbindet die beiden Welten. Wir nehmen mit ihm eine sakrale Haltung ein. Wie der Baum ist der Mensch ein Wesen des Himmels und der Erde, und wie wir haben Bäume einen Geist – die Baumelfe. Die Elfen von alten Grossmutterbäumen sollen sehr weise sein. Wer sich für eine Weile zu einem Baum setzt, wird erleben, wie sich sein Geist mit dem Baum verbindet und ein subtiler Austausch geschieht. Baumelfen gelten daher auch als grosse Lehrerinnen, die manchmal mehr über das Leben wissen als wir Menschen.

Über Bäume und deren energetisch-spirituelle Eigenschaften sind in den letzten Jahren zahlreiche Bücher erschienen, weshalb wir hier nicht näher darauf eingehen. Doch eines sei noch gesagt. Von alten Bäumen, insbesondere Linden, glaubte man früher, dass sie Paaren Glück bringen, wenn sie sich unter ihnen küssen. Dies soll vor allem dann gelten, wenn die beiden den Baum gelegentlich wieder besuchen, sei es spontan oder an Jubiläen. Und wenn es im Beziehungsgebälk kracht, könne er die Dinge wieder zum Guten wenden.

Orte mit üppiger Vegetation

Förster und Bauern wissen, dass an gewissen Lagen Bäume mehr Holzmasse zulegen und Nutzpflanzen üppiger gedeihen als in unmittelbarer Umgebung. Bisher konnte dafür keine schlüssige wissenschaftliche Erklärung gefunden werden. Ein alter Bergbauer wusste allerdings, dass bei solchen Orten besonders viele Feuergeister wohnen, was er auf eine intensive Wechselwirkung zwischen dem Erdfeuer (Erdwärme) und der Sonne zurückführte. Es bedarf etwas Achtsamkeit, um solche Orte zu erkennen. Als Hinweise dafür gelten starke, gross gewachsene Bäume, dichtes Buschwerk, leuchtende Farben der Blätter und Blumen oder deren intensiver Duft.

Erde und ihre Orte

Auffällige Felsformationen, Felsblöcke, Höhlen, Zonen mit aufgeschlossenem Grundgestein oder Schluchten werden dem Element Erde zugeordnet. Gesteine sind stets aus verschiedenen Mineralien zusammengesetzt, die wiederum Kombination von Mineralstoffen sind, die Bausteine der festen Materie. An dieser Stelle sei erwähnt, dass der Humus, der oft als Erde bezeichnet wird, zu einem grossen Teil aus Pflanzenmaterial besteht, das nicht dem Element Erde zugeordnet wird.

Das Element Erde entspricht der Struktur des Lebens. Es manifestiert sich in den formgebenden Vorgängen, und seine Schwingungsfrequenz unterstützt allgemein die Fähigkeit, Gedanken und Ideen in das praktische Leben umzusetzen.

Erdgeister

Die Erdgeister sind die traditionellen Hüter typischer Erdkraftorte. Vor allem im Alpenraum sind viele Kultsteine oder Höhlen mit Geschichten über Zwerge bekannt oder werden nach ihnen benannt, wie etwa die vielen Zwergensteine oder Toggelihöhlen.

Die Elementarwesen der Erde oder Zwerge, wie sie auch genannt werden, treten in den Sagen häufig als Helfer auf, können aber gewissen Menschen gegenüber auch mürrisch oder abweisend sein. Sie sollen sich durch Erde und Fels bewegen, wie wir durch unsere Welt, denn offenbar können sie sich so klein machen, dass sie durch den leeren Raum zwischen den atomaren Teilchen zu schlüpfen vermögen. Unter Umständen werden Erdgeister aber auch zu Riesen. Naturgeister haben energetische Körper und können deshalb verschiedene Formen und Grössen annehmen. Zwerge gelten entsprechend ihrer elementaren Zuordnung als die grossen Kenner des Erdinnern, der Mineralien und Metalle respektive ihrer Beschaffenheit und Wirkung. Sie kennen die Geschichte der Gesteine besser als sämtliche Geologieprofessoren, vertraute mir eine alte Bergbäuerin an, der nachgesagt wurde, dass sie noch mit den «Kleinen Leuten» verkehre.

In den Sagen wird öfter berichtet, dass Zwerge auch als Hüter der wilden Tiere auftreten, und Jäger, die auf frevlerische Weise zu viele Gemsen oder Hirsche schossen, in den Abgrund stürzten. Hinter diesen Geschichten steckt die Überzeugung, dass Erdgeister die Menschen in unwegsamen Geländen vor Fehltritten beschützen.

Als Kind hörte ich zum Beispiel, dass sie einem den Schutz entziehen, wenn man mutwillig Steine die Abhänge hinunterrollen lässt (sie könnten ja die Zwerglein treffen), und man dann stolpert oder gar hinfällt. Nach all dem, was wir über sie wissen, sind die an sich gutmütigen Erdgeister nicht dazu fähig, jemand in den Tod zu stürzen. Aber wenn sie die Jäger, die sich oft in extrem steilem Gelände bewegen und auch bei schlechtem Wetter unterwegs sind, nicht mehr beschützen, ist ein Fehltritt und damit der sichere Tod fast unausweichlich. Übrigens wird nicht nur den Zwergen diese Aufgabe als Schutzengel zugeschrieben, sondern ebenso den anderen Naturgeistern. Auch bei diesen gilt, dass sie jenen den Schutz entziehen sollen, die sich der Natur und ihren Wesen gegenüber rücksichtslos verhalten. Wer die Zwerge aber respektiere, unabhängig davon, ob man sie nun wahrnimmt oder nicht, könne von ihnen viel lernen, etwa über die Wirkung der Edel- und Halbedelsteine auf Körper, Gemüt und Geist der Menschen.

Steinheilkunde

Mineralien und Metalle werden seit Menschengedenken in der Naturheilkunde eingesetzt. Sie wirken ähnlich wie Kräuter auf unterschiedliche Weise auf den Organismus. Früher dienten sie vor allem als Heilmittel und Talismane und erst in zweiter Linie als Schmuck, was durch Steinheilkundige in den letzten drei Jahrzehnten wieder ins Bewusstsein gebracht wurde. Sogenannte Steinbäumchen, an denen verschiedene Mineralien aufgehängt waren, gehörten beispielsweise im Mittelalter zum festen Bestandteil jeder gepflegten Esstafel. Man nahm die Steinchen und tunkte sie in die Getränke, so wie man etwa Gewürze anwendet.

Heute reicht die Lithotherapie genannte Steinheilkunde vom Auflegen von Mineralien, über Anreichern von Wasser mittels Einlegen, bis zum bewussten Tragen bestimmter Edel- oder Halbedelsteine. Nun strahlen auch Gesteine Schwingungen aus. Allerdings sind diese weniger spezifisch, da sie aus verschiedenen Mineralien zusammengesetzt sind. Ihr Einfluss auf den Organismus ist jedoch ebenfalls stark.

Von der Steinheilkunde ausgehend, lässt sich auch die Wirkung der Gesteine aufgrund der Mineralienzusammensetzung bestimmen. Der Steinfachmann und Buchautor Michael Gienger hat nach den von der Geologie definierten drei Entstehungsarten der Gesteine ein Modell geschaffen, das eine Annäherung an die spezifischen Eigenschaften der Gesteine erleichtert. Danach haben diese drei Gesteinsgruppen entsprechend ihren Bildungsprinzipien unterschiedliche Einflüsse auf den Menschen.

Zum primären Bildungsprinzip zählen die Magmatite, also jene Gesteine, die direkt durch Abkühlung des Magmas entstanden sind. Der weitaus häufigste Magmatit ist der Granit, der zum Beispiel am Alpenhauptkamm oder im Nordschwarzwald das Grundgestein bildet. Analog zu seiner Entstehungsweise (aus der amorphen, unstrukturierten Magmasuppe kristallisierten sich seine spezifische Struktur und Zusammensetzung heraus) unterstützt das Kraftfeld der Granite die Verwirklichung der potenziellen, aber noch nicht ausgeformten individuellen Wesenszüge und Fähigkeiten. Granit und andere Magmatite unterstützen demnach die Entwicklung der individuellen Anlagen und fördern damit verbundene Lernprozesse.

Gesteine, die nach dem sekundären Bildungsprinzip entstanden, werden als Sedimente bezeichnet. Sie entstanden aus dem Geröll, Sand und Mergel von verwitterten Gesteinen. Dieses Material wurde durch Wind und Wasser verlagert, vermischte sich mit anderen Stoffen und verfestigte sich mit der Zeit. Zu den Sedimentgesteinen zählen die verschiedenen Formen von Konglomerat-, Sand- oder Kalkgesteinen. Der reine Kalk besteht allerdings aus organischem Material (zum Beispiel Knochen) unzähliger Meerestiere, das auf den Grund absank und sich verfestigte. Kalk wirkt wie Zement und hält oft die anderen Teile der Sedimente zusammen. Zur selben Gruppe wie die Sedimente gehört der lockere, unzementierte Schotter von Flussablagerungen. Laut Steinheilkunde helfen die Schwingungen der Sedimente, hinderliche, verfestigte Gewohnheiten und überholte Vorstellungen loszulassen, analog zum Verwittern der Gesteine.

Durch Bewegung der Kontinentalplatten geraten Gesteine unter Druck und werden erhitzt. Die ursprünglich ineinander verwobenen und willkürlich ausgerichteten Kristalle werden in eine dichtere Ordnung gedrängt. Dabei werden Stoffe herausgepresst, die wiederum neue Mineralien bilden, und andere von innen heraus verändert. Auf diese Weise entstanden die Gneis-, Schiefer- und Marmorgesteine. Die Schwingungen der durch solche Umformungen (Metamorphosen) entstanden Gesteine fördern notwendig gewordene Wandlungsvorgänge beim Übertritt in neue Lebensphasen.

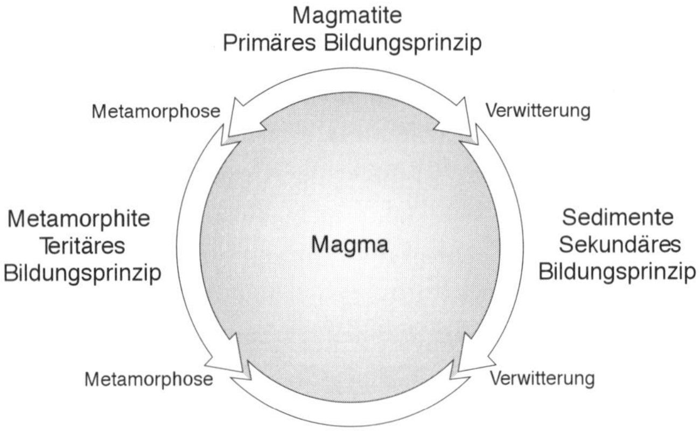

Die Schwingungsqualität einer Landschaft wird stark vom Grundgestein geprägt, weshalb nach Möglichkeit dessen Entstehungsart zu beachten ist. Das geeignete Hilfsmittel dazu ist ein geologischer Atlas. Für kleinräumige Bestimmungen können auf den Gemeinden oder Kommunen in der Regel entsprechende Karten eingesehen werden. Wenn das Gestein sichtbar ist (gewachsener Fels, aufgeschlossenes Grundgestein, Blöcke), kann es in vielen Fällen anhand eines für Laien bestimmten Geologiebüchleins und mit etwas Übung selbst bestimmt werden.

Kultsteine

In den Landschaften Europas finden sich noch überall Felsblöcke und Steinanlagen. Sie sind seit der mittleren Steinzeit, über die Kelten, Römer bis ins Mittelalter und teilweise noch lange danach mit religiösen Handlungen verbunden. Als älteste Kultplätze der Menschheit dienten sie als Ahnensteine, bei denen man sich mit der Weisheit der Vorfahren verband. Zu erwähnen ist, dass der grösste Teil der Kultsteine verschwunden ist. Seit dem frühen Mittelalter wurden sie zu Tausenden auf Geheiss fundamentalistischer Kirchenmänner vernichtet. Selbst in den vergangenen Jahrzehnten wurden einige von «frommen» Christen mutwillig zerstört, ungeachtet ihrer kulturhistorischen Bedeutung.

Wahrscheinlich wurden ebenso viele Blöcke über die Jahrhunderte als Baumaterial abgetragen und verarbeitet. Davon zeugen beispielsweise in Mauern eingearbeitete Schalensteine. Die Tatsache, dass in den Landschaften Zentraleuropas trotz der enormen Zerstörung immer noch Langsteine, Namenssteine oder Schalensteine zu finden sind, beweist, dass sie im Altertum zu Tausenden herumstanden.

Seltsamerweise fühlen sich selbst Rationalisten von solchen Blöcken auf geheimnisvolle Weise angezogen, wie sehr müssen die Naturmystiker des Altertums von ihnen beeindruckt gewesen sein. Rutengänger, Pendler und andere naturfühlige Menschen stellen fest, dass die meisten dieser Blöcke und ihre Standorte ungewöhnlich intensiv strahlen; Mutungen zeigen hohe Energiewerte, so zum Beispiel bei der Anlage um den Skorpionstein bei Kautzen. Es stellt sich die Frage, ob sie über die Jahrtausende von Menschen «aufgeladen» wurden oder ob sie bereits vor ihrer Verwendung als Kultsteine von einem intensiven Kraftfeld umgeben waren. Da die Entstehung des Steinkultes viele Tausend Jahre zurückreicht, wissen wir nicht, wie ein Stein zum Kultobjekt wurde.

Die meisten Religionen kennen zahlreiche Gegenstände und Orte, die ihre besondere Ausstrahlung durch einen charismatischen Menschen erhalten haben, wie dies zum Beispiel im Christentum bei Reliquien von Heiligen oder sakralen Orten der Fall ist. Durch jahrhundertelange Verehrung der Gläubigen soll ihre Kraft nicht nur erhalten, sondern sogar verstärkt worden sein. Falls Orte und Dinge tatsächlich so etwas wie ein Gedächtnis haben und wir noch heute die energetisch-spirituellen Eindrücke wahrnehmen können, welche die Menschen der Vergangenheit hinterliessen, würde dies die starke Ausstrahlung der Kultsteine zumindest teilweise erklären. Ihr Schwingungsfeld könnte in diesem Fall mit einem komplexen Kommunikationsnetzwerk verglichen werden, über welches – jenseits von Raum und Zeit – Informationen zwischen Menschen ausgetauscht werden, deren Leben Jahrtausende auseinanderliegt.

Nicht beantwortet ist allerdings die Frage, weshalb bestimmte Steine, Höhlen und Felsen überhaupt für kultische Zwecke ausgewählt wurden. In Asien, aber auch in abgelegenen Gebieten Europas hört man immer wieder, gewisse Steine hätten an sich magische Kräfte. In Asien kann man noch heute beobachten, wie Felsblöcke ähnlich wie Verwandte oder Freunde begrüsst werden, was besonders für jene gilt, die wegen ihrer Form oder Ausstrahlung deutlich auffallen. Aber auch in Europa werden viele Menschen, die sich regelmässig in der Natur aufhalten, von bestimmten Felsen und Blöcken angezogen, sehen in ihnen seltsame Gesichter und glauben gar, sie seien irgendwie belebt. Wenn dies geschieht, so ein Kenner, haben sie uns etwas zu sagen. Man sollte sich dann respektvoll zu ihnen setzen und zuhören. Natürlich sprechen sie nicht in Worten, aber wer offen und achtsam in sich hineinlauscht, wird sie verstehen.

Menhire oder Langsteine

Die aufgerichteten Felsblöcke gehören zu den markantesten Kultsteinen. Sie dienten teilweise zur Bestimmung astronomischer Ereignisse wie etwa den Tag-und Nacht-Gleichen und den Sonnwenden, was jedoch nicht ausschliesst, dass sie ebenso religiöse Bedeutung hatten. Nach dem heutigen Wissensstand wurde bei solchen Anlagen anlässlich dieser Tage die «ewig wiederkehrende» Sonne im Rahmen grosser Feiern verehrt.

Langsteine, die nach dem Prinzip der vertikalen Strukturen Erd- und Weltraumenergie bündeln und über die Landschaft ausstrahlen, dienten auch als Fruchtbarkeitssteine für Äcker und Wiesen. Andere wurden aufgestellt, um bestimmte Gottheiten zu verehren oder einfach um heilige Plätze erkennbar zu machen. Im Alpenraum sind solche von Menschen aufgestellten Blöcke seltener, was einerseits daran liegt, dass dort die für Kulthandlungen geeigneten Blöcke durch Gletscher oder Bergstürze in die Landschaft gestellt wurden. Andererseits wären solche Steine durch Wasser, Erdbewegungen oder Schneedruck längst umgestürzt und von den anderen Blöcken kaum mehr zu unterscheiden.

Die meisten der megalithischen Kultsteine sind allerdings keine Langsteine im klassischen Sinn, sondern Felsblöcke von verschiedenen Formen und Ausmassen, die manchmal an bestimmte Stellen verlegt, aber mehrheitlich am selben Ort für kultische Feiern verwendet wurden. Grundsätzlich wirken solche Kultblöcke wie Brennpunkte im Energiegewebe der Landschaften und bilden Schnittstellen zwischen den Kräften des Himmels und der Erde, dem Zeitlichen und Ewigen. Damit sind sie stets auch Orte der Kraft, welche auf vielfältige Weise auf Körper, Gemüt und Geist der Menschen wirken.

Kindersteine und Ahnensteine

Blöcke mit der Bezeichnung Kindersteine sind etwa im Schweizer Mittelland immer noch häufig zu finden. Nach dem Volksglauben sollen werdende Mütter bei ihnen die Neugeborenen abgeholt haben. Selbstverständlich war bekannt, woher die Kinder kommen. Die Kindersteine sind insbesondere Fruchtbarkeitssteine. Gemäss der Naturmythologie ist für Fruchtbarkeit, Empfängnis und Geburt die Muttergöttin zuständig, und ihr waren diese Blöcke ursprünglich geweiht. Man bat sie um gesunde Kinder und eine problemlose Geburt. Dies ist lediglich ein Aspekt dieser Felsblöcke, denn grundsätzlich sind sie als Ahnensteine zu verstehen. Sie entsprechen dem Element Erde und werden mit der von den Vorfahren geerbten Struktur der Persönlichkeit in Zusammenhang gebracht. Ahnensteine, ob sie als solche überliefert sind oder nicht, sind grundsätzlich ideale Orte, um Selbstvertrauen zu finden.

In meiner engeren Heimat steckt unmittelbar neben einer Strasse ein Langstein im Boden, der *Lychleustei* (Leichenraststein) heisst. Der Name weist darauf hin, dass Begräbniszüge beim Vorbeigehen dort für einige Minuten Rast einlegten. Diese, so ein alter Bauer, diente dazu, der Seele des Verstorbenen

Gelegenheit zu geben, «durch den Stein» ins Jenseits zu gelangen. Erstaunlicherweise wird der alte, doch sehr heidnische Brauch noch heute ab und zu befolgt.

Im Rahmen einer Exkursion zu einem der Kindersteine erwähnte ich den *Lychleustei* und äusserte die Vermutung, dass die Begriffe Kinder- und Leichenstein zwei Seiten des einen Steinkultes bezeichnen. Einerseits sind solche Steine mit Fruchtbarkeit und Geburt, andererseits mit Tod und Ahnen verbunden. Ein älterer Herr aus der Umgebung, der sich seit Jahrzehnten für Volksbräuche interessiert, fügt hinzu, dass auch beim *Chindlistei* (Kinderstein) die Begräbniszüge für einige Minuten anzuhalten pflegten und dies manchmal noch tun, besonders wenn die Leichen von Bauern nach alter Tradition mit Pferdefuhrwerken zur Beerdigung gefahren werden.

Die klassischen Ahnensteine sind also Verbindungen zwischen Dies- und Jenseits, wo einerseits um Kinder gebeten, aber auch der Toten gedacht wurde. Fachleute vermuten, dass die Alteuropäer im Altertum an Wiedergeburt glaubten, was bedeuten würde, dass die Ahnensteine Drehtüren darstellen, durch welche bildhaft gesprochen die Seelen der einen ins Leben kommen und die der anderen aus dem Leben scheiden. Dieser Glaube ist in Asien noch heute weit verbreitet, wo tatsächlich Verstorbene, die sich für die Gemeinschaft verdient gemacht hatten, bei Kultsteinen gebeten wurden, als Kinder wieder zurückzukehren. Möglicherweise sind die sogenannten Drehsteine – Blöcke, die sich zu bestimmten Zeiten um die eigenen Achse drehen sollen – in diesem Sinne zu verstehen.

Steine gelten als die Knochen der Erde. Entsprechend sind die Knochen die «Steine» des menschlichen Körpers. Knochen und Steine werden stets mit den Verstorbenen, den Ahnen in Verbindung gebracht. Nach den spärlichen Hinweisen war deren Verehrung ein wesentlicher Bestandteil der Religion des europäischen Altertums. Im indoeuropäischen Ahnenkult geht die Linie der Vorfahren nahtlos in die Götterwelt über, von denen die damaligen Menschen ihre Abstammung ableiteten. Allerdings ist unter dem Ahnenkult nicht die etwas gruselige Beschäftigung mit den Toten zu verstehen, wie sie von einigen Anhängern der schwarzen Magie praktiziert wird. Sie gründet vielmehr auf dem Respekt vor den Vorfahren und dem, was sie geschaffen und hinterlassen haben. Anders als heute betrachteten sich die Menschen im Altertum nicht als Krone der Entwicklung. Vielmehr sah man sich in einer endlosen Kette von Generationen, deren Anfang in der mystischen Welt liegt und über die man mit dem Ursprung des Lebens unmittelbar verbunden ist. Letztlich sind die meisten Kultblöcke Ahnensteine, auch wenn die ursprüngliche Bedeutung abhanden kam und mit abergläubischen Vorstellungen verdeckt wurde.

Als junger Reisender erfuhr ich im laotischen Hochland von einem alten Dorfzauberer, dass die Geister der Ahnen in Felsblöcken wohnen. «Wann immer wir sie respektvoll um Rat fragen, geben die Ahnen breitwillig Auskunft», war der Alte überzeugt. Nun befand ich mich gerade in einer Situation, wo wichtige Entscheidungen zu treffen waren, und fragte, ob die Geister auch mich beraten würden. «Nein», antwortete der Zauberer, «sie kennen dich nicht und du kennst sie nicht. Aber wenn du wieder in deinem Land bist, kannst du die Ahnengeister bei den heiligen Steinen dort fragen.»

Als ich nach einer mehrjährigen Reise in die Schweiz zurückkehrte, besuchte ich einen überlieferten Kultstein nahe meinem Wohnort. Nachdem ich ihn, wie seinerzeit in Laos beobachtet, respektvoll begrüsst hatte, setzte ich mich zu ihm und nahm eine meditative Haltung ein. Zu meiner Überraschung fand ich tatsächlich Antwort auf eine Frage, die mich damals sehr beschäftigte. Nach etwa einer Stunde, während der mir Verschiedenes durch den Kopf gegangen war, leerte sich mein Geist und mir wurde klar, was zu tun war. Aber die Antwort fiel mir nicht von irgendwoher zu. Vielmehr stellte ich fest, dass ich sie schon eine Weile kannte, bloss nicht beachtet hatte.

Viele Freunde der Naturmythologie machten die Erfahrung, dass bei Kultsteinen häufig leichter Antworten auf Fragen gefunden werden können. Spricht man von der Weisheit der Steine, bezieht sich dies auf folgendes Phänomen: Bei Steinen lassen sich Zusammenhänge herstellen, die einem bisher verborgen blieben; es stellen sich erhellende Einsichten ein, und man erkennt unvermittelt bestimmte Vorgänge in der Natur.

Ob diese «Informationen» aus dem Unbewussten aufsteigen oder aus dem morphischen Gedächtnis des Steins, ist lediglich eine Frage der Interpretation.

Schalensteine

Schalensteine erhielten ihre Namen von den rundlichen, von Menschen künstlich geschaffenen Vertiefungen, die einen Durchmesser zwischen fünf und zwanzig Zentimeter aufweisen. Die ältesten von ihnen reichen zurück bis in die mittlere Steinzeit (etwa 8000 v.u.Z.). Die zahlreichen Standorte von Schalensteinen auf Hügeln (z.B. auf dem Städtliberg bei Büren an der Aare) lassen vermuten, dass die meisten in der Bronzezeit geschaffen wurden. Vereinzelte Exemplare werden auch den Kelten zugeordnet, was bedeutet, dass der Kult der Schalensteine bis zur Zeitenwende gepflegt wurde.

Von der wissenschaftlichen Forschung lange vernachlässigt, haben sie in den vergangenen Jahren das Interesse unabhängiger Forscherinnen geweckt. Schalensteine wurden überall in Europa, in Nord- und Südamerika, China, Südostasien, Afrika, Ozeanien und auch im Himalaja gefunden, was die Frage aufwirft, wie sich der Kult vor vielen Tausend Jahren weltweit verbreiten konnte. Da die verschiedenen Völker offenbar keinen physischen Kontakt miteinander hatten, wird vermutet, dass sie Zeugen einer ursprünglichen, der Natur des Menschen innewohnenden Religion sind, die unabhängig von Rasse und Kultur den Kern des menschlichen Wesens bildet.

Fachleute sind sich bezüglich der Verwendung der Schalen nicht einig. Die Meinungen reichen von der Verwendung als Opferschalen über astronomische Karten bis zur Anfertigung aus reiner Langweile. Die in Schweden Elfenmühlen genannten Steine wurden zur Darbietung von Nahrungsopfern verwendet. Auf einer Alp im Tessin legten die Sennen noch in den vierziger Jahren Alpkäse und Sauermilch in die Schalen, um den Berggeistern zu danken und sie günstig zu stimmen. Bischof Caminada schreibt in seinem Buch über heidnische Bräuche in Graubünden, dass Jugendliche zu Ostern Eier und Küchlein hineinlegten. Ebenfalls in den vierziger Jahren beobachtete ein europäischer Geologe auf Java, wie Einheimische geweihtes Wasser, Blumen und Blätter auf einem Schalenstein opferten. Nach diesen Berichten zu schliessen sind solche Blöcke Naturaltäre, bei denen Flurgottheiten und Naturgeistern, womöglich auch den Ahnen Opfer dargebracht wurden. Dies in Form von Nahrungsmitteln, Blumen und manchmal auch Lichtern, wie Berichte über die bei Schalensteinen gesehenen «feurigen Augen» vermuten lassen.

Die Theorie, dass die Schalen zum Aufstellen von Peilstäben dienten, mittels derer astronomische Punkte bestimmt wurden, ist wenig plausibel. Auf derart kurze Distanz aufgestellte Peilstäbe sind erwiesenermassen höchst ungenau, da bereits eine Differenz von einem Millimeter zu grossen Abweichungen der angepeilten Punkte führt.

Freisteine

An einer alten Verbindungsstrasse im Aaretal steht der Freistein von Attiswil. Der typische Langstein aus Mont-Blanc-Granit misst 3,6 Meter, wovon die Hälfte in der Erde steckt. Wenn ein Verfolgter den Stein berühren konnte, war er vor der Justiz geschützt, wie dies etwa auch bei Kirchenrefugien der Fall war. Zweifelsohne muss der Stein, dem diese grosse Bedeutung zukam, für die Menschen damals sehr wichtig gewesen sein. Kenner der Kultsteine weisen darauf, dass ihr Kraftfeld direkt auf den Kern der Persönlichkeit wirkt. Es stärkt das natürliche Wesen und hilft, falsche Vorstellungen loszulassen. In diesem Sinn sind alle Kultblöcke auch Freisteine, bei denen jene, welche die innere Freiheit suchen, einen Ausgleich zur Abhängigkeit von äusseren Dingen und den vergänglichen Vorstellungen unserer Zeit finden.

Der Begriff Drehstein kann mitunter auch als Eingang zu anderen Dimensionen verstanden werden, wie dies von einigen Blöcken überliefert ist. Parallel zur Verteufelung der Ahnensteine wurden diese Dimensionen der Einfachheit halber mit der Hölle oder zumindest einem Aufenthaltsort des Teufels gleichgesetzt. Falls es so etwas wie einen Teufel gibt, dann steckt er in der Abspaltung der Schöpfung von der schöpfenden Kraft sowie in der Diffamierung des weltweit seit Jahrtausenden tradierten Volksglaubens. Jenseits der Vorstellungen religiöser Fundamentalisten sind die Ahnensteine ideale Orte der Begegnung mit sich selbst, mit anderen Menschen oder unter günstigen Umständen mit den Ahnen. Deren Weisheit kann aus dem eigenen Inneren aufsteigen, durch einen unbekannten Menschen sprechen oder im windbewegten Laub der Bäume raunen.

Steinkreise und Steintürme

Von den einst zahlreichen Steinkreisen oder Kromlech wurden die meisten zerstört. Fachleute gehen davon aus, dass sie, ähnlich wie jener von Stonehenge, als Observatorium dienten. Möglicherweise wurden sie an Orten errichtet, die als besonders kraftvoll wahrgenommen wurden, und dienten als heilige Bereiche oder Orte religiöser Feiern. Seit einigen Jahren entstehen

überall in Europa neue Steinkreise, viele von ihnen sind klein und fallen kaum auf. Sie dienen Einzelnen oder kleinen Gruppen als Orte der Meditation. Andere wurden von grösseren Gemeinschaften erstellt. Allesamt sind sie Orte der Begegnung – sei es untereinander oder mit anderen Dimensionen. Ein klassischer Steinkreis, von den Indianern auch Medizinrad genannt, besteht aus vier Hauptsteinen, die nach den Himmelsrichtungen ausgelegt werden, und vier bis acht kleineren Steinen, mit denen der Kreis geschlossen wird.

Auf vielen Gipfeln des Alpenraums sieht man sorgfältig errichtete Steintürmchen. Nach einer alten Tradition werden immer wieder neue Steine daraufgelegt, um eines verstorbenen Menschen zu gedenken, einen Wunsch zu bekräftigen oder um Hilfe bei der Klärung eines Problems zu bitten. Ein asiatischer Schamane machte mich darauf aufmerksam, dass auf diese Weise auch ungelöste Konflikte mit Verstorbenen aufgelöst werden können. In Tibet sah ich auf Hochebenen und Bergrücken lange Mauern von handlichen Steinen, in die kurze Gebete eingeritzt waren. Mein Begleiter begründete diese uralte, wahrscheinlich vorbuddhistische Tradition damit, dass diese Orte den Göttern (Bodhisattvas) am nächsten sind und deshalb besonders geeignet, um Botschaften des Dankes oder Bitten zu hinterlegen.

Höhlen

Die ursprünglichsten Bewohner der Höhlen waren die Tiere der Urzeit. Bald folgten Steinzeitmenschen, welche Höhlen zu ihren ersten Wohnstätten machten. Ob dies der Grund ist, weshalb sich viele auch heute in ihnen so wohl fühlen? Tatsache ist, dass die Menschheit wesentlich länger in Höhlen hauste als in Häusern. Höhlen verbinden uns wie kaum ein anderer Ort mit unserer frühen Geschichte. Als möglicherweise älteste Kultorte reicht das morphische Gedächtnis steinzeitlicher Höhlen weit zurück zu den Anfängen religiöser Handlungen. Intensive spirituelle Schwingungen sind in den Energiefeldern des Gesteins gespeichert, das einen in Höhlen umgibt. Wer sich eine Weile ruhig in eine Höhle setzt, wird unweigerlich von ihrer Vergangenheit berührt. Durch einfache Rituale wie Trommeln oder Singen kann dieses Phänomen verstärkt werden. In diesem Zusammenhang sei an die unzähligen weisen Frauen und Männer erinnert, die weltweit in Höhlen spirituelle Erfahrungen hatten und zu hohen Einsichten gelangten. Dies ist sicher einer der Gründe, weshalb sie bis in die Neuzeit von Waldfrauen und Einsiedlern rituell genutzt worden sind. Für den modernen Mensch bieten Höhlen die Gelegenheit, sich mit den ältesten Wurzeln der Kultur zu verbinden.

Ausgrabungen steinzeitlicher Höhlen zeigen auf eindrückliche Weise, dass die im Boden gefundenen Gegenstände über das Mittelalter in die Eisenzeit, Bronzezeit, Jungsteinzeit, Mittelsteinzeit bis in die Altsteinzeit zurückreichen (z.B. jene in der alten Kulthöhle Heiliges Loch bei Eberstein).

Diese Bodenschichten entsprechen den Schichten menschlichen Werdens. Tief in seinem Wesen unterscheidet sich der moderne Mensch kaum von seinen Vorfahren der Steinzeit. Höhlen, die damals als Wohnstätten und Kultplätze dienten, sind ideal, um sich mit den grundsätzlichen Dingen des Lebens auseinanderzusetzten, was gerade für uns zivilisationsgeschädigte Leute sehr heilsam sein kann.

Die Bodenschichten der Höhlen reichen weit zurück in die Geschichte der Lebewesen. In manchen Höhlen finden sich sogar Überreste uralter Tiere, wie zum Beispiel des riesigen Höhlenbären oder des ebenso mächtigen Säbelzahntigers. Solche Höhlen sind besonders dafür geeignet, um sich auf die gemeinsamen Wurzeln, auf den Ursprung aller Wesen zu besinnen und zu erleben, wie sehr wir einander brauchen – Menschen, Tiere und Pflanzen. Möglicherweise bewirkt die Erfahrung, dass wir alle «Kinder der Erde» sind, ein harmonischeres Zusammenleben als das endlose Wiederholen religiöser Dogmen, ethischer Leitsätze oder weltlicher Gesetze. Höhlen sind natürliche Eingänge in die Erde, werden in verschiedenen Kulturen als ihr Schoss oder ihre Gebärmutter betrachtet. Aus ihr werden alle Wesen geboren (in der materiellen Dimension sind wir tatsächlich ihre Kinder, sind unsere Körper doch aus ihren Stoffen zusammengesetzt, und von diesen ernähren wir uns auch), durch sie sind wir alle miteinander verbunden, und zu ihr gehen unsere Körper zurück.

Höhlen gelten auch als Wohnorte von Naturgeistern, etwa Zwergen, wie dies alte Namen wie Zwergenhöhle oder Tittiloch belegen. Nach verschiedenen ernstzunehmenden Berichten können Zwerge zwar überall leben, aber möglicherweise bevorzugen diese «liebsten Kinder der Erde» tatsächlich solche Eingänge in ihren Leib als Aufenthaltsort. Wohl aus diesem Grund gelten Höhlen als ideale Orte, um mit den Erdgeistern zu kommunizieren. Als Kinder der Erde sind wir mit ihnen verwandt; begeben wir uns in ihr Reich, sind sie eher geneigt, sich uns mitzuteilen.

Am Thunersee wohnte im frühen Mittelalter der irische Missionar Beatus in einer Höhle mit Blick auf die Viertausender der Jungfraugruppe. Nach der Legende soll er einen dort wohnenden Drachen vertrieben haben. Tatsächlich werden in der volkstümlichen Überlieferung viele Höhlen mit Drachen in Verbindung gebracht, was nicht erstaunt, sind doch «Drachen» Verkörperungen der Erdkräfte. Sie lebten in alter Zeit mit den weisen Frauen und Männern zusammen, welche deren unbändige Kraft durch ihre Anwesenheit besänftigt und sie zum Wohl der Landschaft und ihrer Bewohner in positive Energie umgewandelt haben sollen. In diesem Sinne ist offenbar auch die Geschichte des Beatus zu verstehen, denn in mündlichen Versionen soll er den Drachen lediglich gezähmt haben. So wird von der Freundschaft des irische Gottesfreundes mit den Zwergen berichtet: «Wie einst der Prophet Elia von Raben gespeist wurde, so sorgten sie unserem Apostel für seinen leiblichen Unterhalt.» Die Zwerge holten ihm aus einer Bergquelle täglich frisches Wasser, sammelten Pilze, Beeren, Nüsse und Holz, das beim Verbrennen nicht die Höhle verqualmte, und bereiteten ihm aus der Milch der zahlreichen Gemsen herrlichen Käse. Als er einmal von einem Besucher gefragt wurde, ob er denn diese heidnischen Wesen schon getauft habe, entgegnete der Volksheilige, dies sei nicht nötig, denn sie gehörten einer Schöpfung an, die keine Sünde kenne. In dieser Anekdote lässt sich das Wesen des irisch gefärbten Frühchristentums erkennen, das den alten Glauben mit dem Evangelium verband. Neben Engeln und Heiligen fanden in ihm auch Zwerge und Feen Platz, stammten doch damals viele der irischen Bischöfe aus alten Druidenfamilien.

Schluchten

Talgräben und Schluchten sind ihrer Enge und Unzugänglichkeit wegen oft noch wenig mit Gebäuden und Strassen verbaut und deshalb naturnahe Zonen. Schluchten sind in sich abgeschlossene Welten der Wildnis, selbst wenn sie inmitten bebauter oder kultivierter Gegenden liegen. Sie wirken wie kaum ein anderer Ort in der Landschaft wie Eingänge in die Unterwelt. Wer sie betritt, wird von ihnen «umfangen» und taucht in ihre von Fels und Wasser geprägte Atmosphäre ein. Die beiden weiblichen Elemente assoziieren die Intimität der Erdmutter, als deren Schoss die Schluchten bei Naturvölkern gelten. Kaum jemand, dem dort nicht Gefühle wie Ehrfurcht und Respekt aufsteigen. Schluchten sind Oasen in der Alltagswirklichkeit und eröffnen neue Ein- und Ausblicke.

Für naturkundlich Interessierte bieten die Einschnitte in den Leib der Erde eine Gelegenheit, in den Ablagerungsschichten dessen Beschaffenheit und Geschichte zu studieren. Bei der achtsamen Betrachtung des offen vor einem liegenden Erdinnern öffnen sich dem Geist Bereiche des eigenen Unbewussten, was in der von Wildheit und Enge geprägten Atmosphäre durchaus zur Konfrontation mit verdrängten Ängsten führen kann. Zugleich hilft die natürliche Energie, diese loszulassen.

Durch die Nähe der Steilhänge oder Felswände durchdringen sich deren Abstrahlungen gegenseitig und bilden ein dichtes, intensives Kraftfeld. Im Gegensatz dazu steht die Schwingung des Wassers, das die meisten der europäischen Schluchten durchfliesst. Der Kontrast zwischen den festen, unbeweglichen Wänden und dem dynamisch fliessenden Wasser erzeugt in empfänglichen Menschen oftmals aufwühlende energetische Wirbel, welche die Wahrnehmung reinigen und den Geist für die wilde Schönheit der Umgebung öffnen. Schnell fliessende Bäche oder Flüsse produzieren ausserdem viele anregende Ionen, die sich in der Enge stauen, was zu einer grossen Dichte von guter Luft führt. Energetisch betrachtet sind Schluchten Strahlenkanäle und Luft-Therapiekammern, die intensiv auf den Organismus einwirken. Als Orte von Wasser und Erde berühren und stimulieren ihre Kraftfelder die weibliche, empfängliche Seite, was sie besonders für jene Menschen zu idealen Kraftorten macht, die zum Beispiel aus beruflichen Gründen eine einseitig männliche, nach aussen gerichtete Lebensweise führen. Grundsätzlich sind Schluchten intensiv wirkende Zonen der Regeneration für all jene, die unter der Entfremdung der technologischen Gesellschaft leiden. Sie sind aber auch ideale Orte, um sich der Erde und ihren intimen Geheimnissen zu nähern.

Auffällige Felsformationen

Die wohl berühmtesten natürlichen Felsformationen, die als traditionelle Kultplätze dienten, sind die Exernsteine.

Geomanten begründen die Bedeutung solcher Felsformationen als Kultplätze mit den komplexen Strukturen, respektive den von ihnen ausgehenden Formenwellen, die im Kleinen an die Strahlung von Gebirgen erinnern. Häufig sind diese Gebiete wichtige regionale Kraftorte oder Kultplätze, haben jedoch mitunter, wie im Fall der Exernsteine, auch überregionale Bedeutung.

Sicher fühlten sich die Menschen des Altertums von den gezackten und teilweise skurrilen Formen angezogen und entdeckten bei ihnen überall vom Fels eingegrenzte Zonen, wie kleine intime Kammern oder geräumige hohe Hallen, die an gotische Kathedralen erinnern. Diese natürlichen Räume sind oft voller Magie und Kraft. Sie eignen sich bestens dafür, sich hinzusetzen und deren einzigartigen Schwingungen hinzugeben.

Aufgeschlossenes Grundgestein

Viele Orte, wo das lokal begrenzte Grundgestein an die Oberfläche tritt, verbreiten eine magische Stimmung, der sich ein sensibler Mensch kaum entziehen kann. Es ist, als würde das Innere der Erde und damit ihr Geheimnis an die Oberfläche treten. Auch in diesem Fall ist es der Kontrast, der zur besonderen Schwingung beiträgt. Stellen mit aufgeschlossenem Grundgestein sind auf energetischer Ebene vergleichbar mit Felsblöcken und dienten zum Teil wahrscheinlich demselben Zweck, nämlich als Orte kultischer Feiern oder stiller Zwiegespräche mit den Geistern der Ahnen oder der Natur.

Gipfel, frei stehende oder vorgesetzte Hügel (etwa auf Crap Carschenna mit den bekannten Steinritzungen), Grate, Hügelrücke und Geländeterrassen werden dem Element Luft zugeordnet. Sie bieten Übersicht auf die umliegende Landschaft, wie ihn sonst nur Vögel geniessen, was ein wichtiger Aspekt des Elements ist.

Die Luft entspricht dem beweglichen Aspekt des Lebens und wird mit Veränderung, Gedanken, Inspiration, Austausch oder Kommunikation in Verbindung gebracht. Tatsächlich atmen alle Lebewesen dieselbe Luft ein und sind auf diese Weise miteinander verbunden. Zwar können wir die Luft weder sehen noch schmecken, aber wir fühlen sie als Wind und riechen die Aromastoffe.

Als Medium für akustische Wellen ist die Luft auch unmittelbar mit Klang verbunden, was das Element in engen Zusammenhang mit Spiritualität bringt. Nach verschiedenen geistigen Lehren ist die Luft das primäre Trägerelement der kosmischen Energie oder Prana, die wir mit dem Atmen aufnehmen und über die Blutbahnen im ganzen Organismus verteilen.

Das Element Luft ist nicht allein auf den gasförmigen Stoff beschränkt, der aus Sauerstoff, Stickstoff und kleinen Mengen verschiedener anderer chemischer Elemente zusammengesetzt ist. Er bezieht sich allgemein auf die Atmosphäre des Raumes, der zwischen den scheinbar festen Körpern liegt und von feinstofflichen Kräften und Schwingungen jeder Art gefüllt ist. Wir haben bereits die Luftionen und Formenwellen erwähnt; noch wesentlich geheimnisvoller sind die Skalarwellen, Tachyonen – jene vielen Teilchen oder Wellen, die sich sonst noch durch die Luft bewegen.

Die vitalisierende Wirkung der Luftorte wird von der wissenschaftlich orientierten Geobiologie vor allem dadurch erklärt, dass die negativen Luftionen leichter sind als die «normale» Luft und aufsteigen. Dies ist sicher mit ein Faktor, aber nicht der einzige, denn ob ein Ort kraftvoll ist, hängt insbesondere von dessen Wirkung auf das Gemüt ab. Dieses wird in Höhenlage generell «gehoben», man fühlt sich leichter, dem Alltag entrückt und dem Himmel etwas näher.

Luftgeister

Luftgeister sind die Hüterinnen jener Landschaftsteile, die ihrem Element zugeordnet werden. Sie sind den Feen der Sagen am ähnlichsten, sind diese doch die Künstlerinnen und Philosophinnen unter den Naturgeistern. Sie lieben ausgelassene Feste, zu denen manchmal auch Menschen eingeladen wurden, wie in verschiedenen Geschichten erzählt wird. Demnach haben die Feen uns das Musizieren, Tanzen, Dichten und Malen gelehrt. Wohnorte von Feen haben stets inspirierende Ausstrahlung und fördern die Kreativität und Lebensfreude. Verschiedene Sagengeschichten berichten, wie Feen einst eng mit den Menschen zusammenlebten, sich aber in abgelegene Gegenden zurückzogen, als diese sich von ihnen abwandten.

Nach Paracelsus sind die Feen den Menschen in der Gestalt am ähnlichsten. Sagen berichten, dass die auch Salige genannten Feen die Neigung haben, Liebesbeziehungen mit Menschen einzugehen. Warum sie dies tun, ist nicht bekannt, denn sie legen grossen Wert darauf, dass sonst niemand von der Beziehung weiss, nach dem weisen Motto: Was kein fremdes Herz fühlen kann, sollen auch keine fremden Augen sehen.

Die Saligen oder Wildfrauen sollen in Höhlen oder Bäumen der Bergregionen und Hügelgebiete wohnen, wo sie von jeher bestimmte Menschen in verschiedene Künste einführten, aber auch über das friedliche Zusammenleben unterrichteten. Die

Feste der Feen sind legendär, und wer je auf eines eingeladen wurde, dessen Leben sei gesegnet bis ans Ende. Da sie den Menschen gegenüber besonders freundlich gesinnt und stets in weisses Licht gehüllt sind, wurden sie immer wieder mit Engeln verwechselt, was verständlich ist, sind doch die Übergänge zwischen den Luftgeistern und den geflügelten Wesen des Himmels fliessend.

Gipfel

Das Wort Gipfel steht für den höchsten Punkt eines Bergs; ebenso für die höchste Ebene des Materiellen oder für einen Höhepunkt an sich. Gipfelerfahrungen gehören zum Eindrücklichsten im Zusammenhang mit der Natur. Auf dem Gipfel fühlt sich der Mensch den Niedrigkeiten des Lebens enthoben und geniesst das Gefühl der Erhabenheit. Der Blick auf die Landschaft wird in keine Richtung verstellt, und manch einer fühlt sich dort mit dem Göttlichen unmittelbar verbunden, ja fast in physischem Kontakt. Gipfel gelten in den Mythologien auch als Lieblingsaufenthaltsorte der Gottheiten. Als Mensch kann man die Welt unter sich leicht vergessen und sich fühlen, als würde man auf einem fliegenden Teppich sitzen und von allem losgelöst durch das All schweben.

Die Tradition der Nutzung von Gipfeln als Orte der Kraft und Kultplätze wurde auf symbolischer Ebene mit dem Gipfelkreuz fortgesetzt. Da die meisten Berggipfel nur mit langen Märschen zu erreichen sind und überdies wenig Platz bieten, wurden sie seit je insbesondere von Spezialisten wie Druiden oder Schamaninnen besucht. Ebenso Propheten bestiegen sie, um beispielsweise dort von Elia abgeholt zu werden und mit ihm in seinem Himmelswagen in die Anderswelt zu reisen. Nach der volkstümlichen Überlieferung soll es immer wieder vorgekommen sein, dass einfache naturverbundene Menschen, wie etwa Sennerinnen oder Hirten, von Feen auf eine Rundreise in ihren fliegenden, von Katzen gezogenen Kutschen mitgenommen wurden.

Hügel

Manche der nachgewiesenen Kultplätze sind auf frei stehenden oder vorgesetzten Hügeln, was oft mit der leicht zu verteidigenden Lage begründet wird. Da heilige Orte für die Menschen des Altertums ausserordentlich wichtig waren, wurden sie, wenn nötig, bis zuletzt verteidigt. Aber dies ist nicht der einzige Grund für die kultische Nutzung der Hügel. Sie erheben sich wie Gipfel über die «normale» Welt, und auf deren Kuppen fühlt man sich dem Himmel näher. Auf jedem Hügel wohnt eine Fee, wusste man noch vor wenigen Jahrzehnten zu berichten. Tatsächlich fühlen sich vor allem Frauen den Luftgeistern nahe, wenn sie, auf einstigen heiligen Hügeln sitzend, ihr Herz öffnen und den Geist schweifen lassen.

Auf den Kulthügeln des Altertums wurden ab Beginn des Mittelalters Kirchen, Kapellen und Burgen errichtet, von denen teilweise nur noch Ruinen übrig geblieben sind. Solche Orte sind nach wie vor sehr krafterfüllt und bieten sich als ideale Luftorte an.

Im Alpenraum findet man Hügel, auf deren Kuppen Felsblöcke liegen, die grösstenteils als Kultsteine tradiert sind. Für ihre Lage gibt es eine einfache Erklärung: Weil sie wie ein Hut den Boden vor Regen schützen, verhinderten sie dessen Abtragung und trugen damit zur Entstehung des Hügels bei. Solche Orte sind dennoch sehr bedeutungsvoll und werden von der Bevölkerung gerne zur Erholung besucht. Steht noch ein Baum daneben und sprudelt irgendwo in der Nähe eine Quelle, handelt es sich um ein wunderbares Naturheiligtum.

Grate und Hügelrücken

Entlang Bergkämmen und Hügelrücken verlaufen stets kraftvolle Energiebahnen, die auf das energetische Gewebe der Landschaften einen grossen Einfluss ausüben. Die Energie ist von der fliessenden Bewegung geprägt und wirkt dementsprechend dynamisch. Dadurch erklärt sich, weshalb sie in der Geomantie als Drachenrücken bezeichnet werden (z. B. Drachenkamm Teufelsmauer bei Blankenburg). Verläuft ein Grat mehr oder weniger in ost-westlicher Richtung, also parallel zur Sonnenbahn, spricht

man von einem Feuerdrachen. Das östliche, dem Sonnenaufgang zugewendete Ende bildet den Kopf des Drachen, dessen Schwanz im westlichen Ausläufer endet. Obwohl grundsätzlich dem Element Luft zugeordnet, haben solche Kämme und ihre Umgebung stets auch eine feurige Schwingungsqualität. Verläuft ein Grat etwa in nord-südlicher Richtung, gilt er als Erddrachen, dessen Kopf nach dem «warmen» Süden blickt, während der Schwanz im «kühlen» Norden endet. Typischerweise fühlt man entlang solcher Kämme und in der von ihnen durchzogenen Landschaft vor allem die Kraft des Erdelements. In beiden Fällen sind Grate und Hügelrücken sehr kraftvoll; ausserdem sind sie ähnlich wie die Wirbelsäule der Menschen mit Energiezentren bestückt, die zu finden stets ein wortwörtlich spannendes Erlebnis ist.

Vorgesetzte Geländesporne am Ende von Hügelrücken, bevor diese steil abfallen, sind typische Standorte alter Kirchen oder Burgen, was stets auf antike Kultplätze und damit Orte der Kraft hinweist. Solche Geländesporne sind immer krafterfüllt, jene, die landläufig nicht als Kultplätze gelten, manchmal sogar mehr. Ihre energetische Qualität lässt sich unter anderem anhand ihrer Ausrichtung nach den Himmelsrichtungen bestimmen.

Geländeterrassen und Mesas

In Abhänge eingebettete Flächen oder Terrassen waren, so lassen verschiedene Funde vermuten, ebenfalls beliebte Kultplätze. Sie vermitteln das Gefühl, im Schoss des Bergs oder Hügels aufgehoben zu sein. Die den Abhängen entlang auf- und absteigende Energie (unter anderem in Form ionisierter Luft) verweilt bildhaft gesprochen auf den Terrassen und bildet einen «See». Solche Orte wirken ähnlich Oasen – die Atmosphäre ist trotz intensiver Kraft von Ruhe geprägt. Durch die Topografie begünstigt, finden sich auf Terrassen oft Quellen und nicht selten Weiher oder Seelein, was ihnen einen wässrigen «Geschmack» verleiht. An solchen geologischen Lagen sind viele der Luftkurorte Europas, wo seit Jahrhunderten unzählige Menschen Erholung und Genesung finden.

Flache Hügelrücken oder nach allen Seiten abfallende Ebenen werden nach der modernen Geomantie in Anlehnung an die schamanische Kultur des südlichen Amerikas Mesa genannt. Ihr Schwingungsfeld ist geprägt von der Energie der Gipfel und Ebene, von Vertikale und Horizontale. Sie wirken wie Geländeterrassen: kraftvoll und ruhig zugleich.

Natürliche Kanzeln

Aussichtsreiche Orte oberhalb hoher Felswände und steiler Abhänge, auch Kanzeln genannt, gehören zu den energiereichsten Luftorten. Kein Wunder, dass der Adler, Symbol des Elements, mit Vorliebe an solchen Plätzen verweilt. Wenn sich die Kanzel noch über einem schnell fliessenden Bach oder Fluss befindet, ist er der ionisierten Luft wegen doppelt kraftvoll. Ich kenne verschiedene solcher Plätze oberhalb enger Schluchten und staune jedes Mal, mit welcher Kraft und Intensität der Körper durchflutet wird. Bereits nach einigen Minuten löst sich jegliche Müdigkeit auf und macht einem Gefühl sprudelnder Energie Platz. Ein solches energetisches Zentrum bildet der Keltenaltar – eine Kultstätte bei Bern, wo sich offenbar schon Druidinnen erfrischten und inspirieren liessen.

Quellen, Bäche, Flüsse und Seen werden dem Element Wasser zugeordnet.

Das Wasser entspricht dem ausgleichenden Prinzip des Lebens und manifestiert sich in den Gefühlen (nicht zu verwechseln mit Emotionen wie Angst, Hass oder Verlangen); es ist mit Reinigung und Erneuerung verbunden.

Kein anderes Element geniesst zurzeit dieselbe Aufmerksamkeit wie das Wasser. Obwohl meine Faszination für sein wahrhaft wunderbares Wesen mich bewogen hat, das Buch *Quellen der* Kraft zu schreiben, muss ich doch der Gerechtigkeit willen darauf hinweisen, dass die drei anderen Elemente in Bedeutung und magischen Eigenschaften dem Wasser ebenbürtig sind. Auch wenn dies manchmal so dargestellt wird, existiert unter den Elementen keine Hierarchie.

Das wandelbare Wesen des Wassers zeigt sich in den verschiedenen Formen der Gewässer. Sie bilden wegen der hohen Leitfähigkeit des Wassers ein globales Energienetzwerk. Jedes Wassermolekül, ob im Grundwasser oder in Oberflächengewässern, ist mit der ganzen Wassermasse der Erde unmittelbar verbunden. Fachleute gehen davon aus, dass die feinstofflichen Informationen unter anderem auch über Lichtteilchen übertragen werden, welche sie ohne Zeitverzögerung weiterleiten. Das würde bedeuten, dass das Wassersystem der Erde wie ein gigantisches Kommunikationsnetzwerk wirkt, das in Echtzeit unvorstellbare Mengen an Informationen aufnimmt, integriert und weitergibt, also wie Bewusstsein funktioniert.

Zurzeit kann nur vermutet werden, welche Funktion dieses Netzwerk für das Leben auf der Erde hat. Es ist anzunehmen, dass es in der energetischen Dimension ebenso wichtig ist wie die Gewässer auf der materiellen. Die feinstofflichen Schwingungen der Gewässer reinigen ständig die Natur. Ausserdem scheint das Wassernetzwerk die energetischen Vorgänge in der Natur zu harmonisieren, ähnlich wie es ausgleichend auf das Klima wirkt. Dadurch erfüllt es wichtige Aufgaben in der Steuerung der Lebensprozesse der Natur, und zwar innerhalb und ausserhalb des menschlichen Organismus. Ob diese Funktion mit jener der Seele vergleichbar ist, wie der Volksmund weiss, kann nach dem heutigen Stand des Wissens nicht beantwortet werden. Im Menschen erfüllt die begrifflich kaum fassbare Seele offenbar Aufgaben wie Verbinden, Harmonisieren und Erneuern, was ganz den Eigenschaften des Wassers entspricht.

Wassergeister

Die typischen Wasserorte wie Quellen, Fluss- und Seeufer oder Küsten galten im Altertum als Wohnorte von Wassergeistern. Zu ihnen zählen die Meeres-, Quell-, Fluss- und Seegöttinnen sowie die untergeordneten zahlreichen Formen von Wassernymphen, wie etwa Meerjungfrauen, Quellnymphen oder Seefrauen. Sie gehen alle auf die Schlangengöttinnen zurück, die erst im jüngeren Altertum in menschenähnlichen Formen auftreten.

In den Mythologien des Altertums kommt den (Quell-) Nymphen eine übergeordnete Bedeutung zu als Mütter von manchen Gottheiten, wie etwa *Maya* als Mutter von *Merkur* oder *Dione* als Mutter von *Venus* (bei Homer). Vermutlich zählen sie zu den ältesten Göttinnen, die später im von *Zeus* und seinen Kollegen dominierten Hellenismus herabgestuft wurden. Wassergeister, insbesondere Quellnymphen, gelten nach der Naturmythologie als die eigentlichen Heilerinnen der Natur. Auf sie wurde die Heilwirkung der von ihnen gehüteten Quellen zurückgeführt. Von Nymphen sollen von jeher ihnen zugeneigte Frauen ihre Heilkünste erlernt haben.

Nach Paracelsus sind die Wassergeister oder Nymphen den Menschen näher als die anderen Elementarwesen. Sie sollen ebenso gesprächig sein und sogar lokale Dialekte sprechen. Zahlreiche Sagen berichten von Liebesbeziehungen zwischen Nymphen (die wie alle Elementarwesen auch in zwei Geschlechter geteilt sind) und Menschen; dies wird etwa in der bekannten Geschichte von der *Schönen Melusine* erzählt. Nymphenfrauen sollen ausgesprochen freiheitsliebend sein: Missachtet ihr Partner ihr unabhängiges Wesen, verlässt sie ihn. Ausserdem sind Beziehungen mit ihnen stets mit einem Tabu versehen (der Mann darf sie etwa nicht beim Baden beobachten), dessen Bruch drastische Folgen hat. Aus solchen Ehen geborene Kinder und deren Nachkommen sollen noch heute eine besondere Beziehung zu Wasser haben und oft über ein ausgeprägtes Talent zum Heilen verfügen.

Die als verruchte Verführerinnen auftretenden Nymphen, denen Männer zum Opfer fallen, entsprangen im Bemühen der Kirche, die heidnischen Nymphen zu verteufeln und insbesondere die Männer von Beziehungen mit ihnen fernzuhalten. Wassergeister sind als Beraterinnen und Helferinnen in Liebesangelegenheit tradiert. Nach persönlichen Berichten zu schliessen, wenden sich gerade heute vermehrt vornehmlich Frauen bei Wasser-Kraftorten an deren Nymphe mit der Bitte, sie mit dem Richtigen zusammenzubringen oder ihnen in einer Ehekrise helfend beizustehen.

Quellen

Quellen waren über Jahrtausende hinweg wichtige Elemente des menschlichen Lebensraums. Sie dienten als Zentren des religiösen Lebens, als Orte der Kraft oder der Besinnung und wurden wegen ihrer heilenden Wasser hoch geschätzt. Nach der antiken Naturmythologie sind Quellen unmittelbar mit der Götterwelt verbunden. Im frühen Christentum war das Wort Quelle ein Synonym für Gott, für den Ursprung der ewig sprudelnden Lebenskraft. Geologisch betrachtet sind Quellen örtlich begrenzte, natürliche Austritte von Grundwasser an die Erdoberfläche oder in Gewässer und entstehen aus dem Zusammenspiel von wasserdurchlässigen und -undurchlässigen Bodenschichten. Kaum ein anderer Ort in der Natur vermag unser Gemüt derart zu berühren. Allein der Anblick des sprudelnden Wassers und der Klang seiner gurgelnden, plätschernden Geräusche haben einen deutlich anregenden, harmonisierenden und inspirierenden Einfluss auf das Gemüt.

Ganzheitliche Wasserforscher wie Professor Emoto haben in den letzten Jahrzehnten nachgewiesen, dass Wasser die faszinierende Eigenschaft besitzt, energetische Schwingungen aufzunehmen, zu speichern und wieder an die Umwelt abzugeben. Es verfügt also über eine Art von Gedächtnis. Aufgrund dieser Erkenntnisse hat das Interesse für die energetische Qualität, also für die eigentliche Lebenskraft des Wassers, stark zugenommen. Es erstaunt nicht, dass nach zahlreichen Untersuchungen die energetische Qualität von Wasser bei natürlichen Quellen am höchsten ist und mit zunehmender Distanz zu ihnen flussabwärts nachlässt.

Auch die unmittelbare Umgebung von Quellen ist von den Schwingungen ihrer Wasser erfüllt, was wohl der Grund dafür ist, dass ein Aufenthalt so erfrischend und belebend wirkt. Bis zum heutigen Tag werden Quellen als besonders intensive Kraftorte und Plätze der Inspiration geschätzt. So soll etwa der Philosoph J.J. Rousseau («Retour à la nature») mit Vorliebe bei der Quelle La Sourde bei Môtiers geschrieben haben.

«Um das Wesen des Wassers zu verstehen, muss man es trinken», besagt ein Sprichwort. Das Trinken von frischem Quellwasser direkt von der Mutter Erde gehört zu den ältesten Handlungen der Menschheit. Geschieht es bewusst und achtsam, wird es zum Urritual, das uns mit den Wurzeln des Lebens verbindet. Mit dem hoch energetisierten Wasser nehmen wir das Wesen der Quelle in uns auf. Seit einigen Jahren nimmt die Zahl der Menschen zu, die trotz moderner Wasserversorgung zu Quellen und Quellbrunnen pilgern, um das frische Wasser in Krügen und Flaschen abzufüllen. Obwohl auch in diesem Fall sich viele Wissenschaftler darüber lustig machen, sind diese Menschen überzeugt, dass es ihr Wohlbefinden spürbar steigert. Trinkkuren gehören zu den ältesten Gesundheitstherapien; oft lässt sich nicht eindeutig nachweisen, weshalb eine Quelle heilkräftig ist. Paracelsus, der als Begründer der modernen Medizin gilt und als einer der ersten umfassende chemische Untersuchungen machen konnte, glaubte, es sei sinnlos, die Heilkraft in den Mineralien zu suchen, und nannte den *Genius* der Quellen als deren eigentliche Ursache.

Unter günstigen Umständen kann eine Quelle auch ein Ort religiöser Erfahrung sein. Dazu müssen wir uns zwangsläufig vom physikalischen Weltbild lösen und uns in die Welt der Mythen begeben, welche insbesondere um Quellen besonders üppig ranken. In den europäischen Mythologien treten Gottheiten, vor allem Göttinnen und Naturgeister, sehr häufig bei Quellen auf. Deren Kraftfelder scheinen wie ein vielschichtiges Kommunikationsmedium zwischen unserer Alltagswirklichkeit und der Anderswelt zu wirken. Nach zahlreichen Sagen sollen sich bei ihnen zu gewissen Zeiten Übergänge in andere Dimensionen des Lebens öffnen.

Von jeher verehrte man bei Quellen auch die Anwesenheit von geheimnisvollen Wesen. Nach ältesten Funden zu schliessen, wurden diese ursprünglich als magische Schlangen betrachtet. Im jüngeren Altertum traten sie in Form von hell strahlenden Quellgöttinnen auf, manchmal mit einem Fisch- oder Schlangenschwanz anstelle der Beine. Sie erfüllten in der Natur sowie im Leben der Menschen vielfältige Aufgaben, sei es als Landschaftsgöttinnen, Beraterinnen in Liebesangelegenheiten oder Heilerinnen von körperlichen und seelischen Leiden.

Die frühen Christinnen und Christen pflegten den Quellenkult weiter, indem sie die heiligen Quellen der Maria (z.B. Maria Brünnl bei Landshut) und anderen Gestalten aus ihrer Mythologie weihten und sie zu Heiligenquellen machten. Oft wurden nahe solchen Quellen die ersten Kapellen und Kirchen gebaut.

Geht man davon aus, dass der Mythos Quelle lediglich aus unserem Bewusstsein verschwunden ist und in einer anderen Dimension weiterlebt, so stellt sich die Frage, ob Quellen auch für uns moderne Menschen Übergänge zu einer anderen Wahrnehmung der Wirklichkeit öffnen. Die Antwort darauf muss jeder selbst finden. Wer die Möglichkeit nicht ausschliessen will und über eine natürliche Neugier verfügt, begibt sich am besten selbst zu ihnen, denn der einzige Zugang zu ihrem wunderbaren Wesen liegt in der unmittelbaren Erfahrung. Der Ort, wo das Wasser aus der Erde quillt, ist zugleich eine magische Pforte, durch die der Weg in die Tiefe unseres eigenen Seins führt.

Bäche und Flüsse

Fliessgewässer sind Kraftadern, welche die Landschaft durchziehen und neben Mineralstoffen auch energetische Informationen an sie abgeben. Da sie sich gleichzeitig an der Quelle und der Mündung befinden, scheinen sie jenseits von Zeit und Raum zu existieren. Sie scheinen ewig, und doch sieht man denselben Bach, denselben Fluss nur für einen kurzen Augenblick, ist doch das Wasser schon weitergeflossen, wenn unser Gehirn den Lichtimpuls seines Anblicks zu einem Bild verarbeitet. Der Vergleich der fliessenden Gewässer mit dem Fluss des Lebens ist nicht von ungefähr, fühlt man sich doch an ihren Ufern sitzend diesem so nahe wie kaum woanders. Wasser ist das Element der Gefühle. Sind diese blockiert oder hat man keinen Zugang zu ihnen, sind Wasser ideale Therapiezonen.

Es lässt sich kaum objektiv bestimmen, wann ein Bach zum Fluss wird, aber in der unmittelbaren Wahrnehmung wirken Bäche stets intim, beschaulich oder gar romantisch. Der plätschernde, gurgelnde Bach verführt Kinder zum Spiel mit ihm, und Erwachsene fühlen sich an ihre Kindheit erinnert. Vor allem dort, wo sein freier Lauf in naturnahe Landschaften eingebettet ist, scheint er mitten durch das Gemüt zu fliessen. Entlang seinem Ufer lassen sich Dutzende von einladenden, kraftvollen Plätzen finden, wo man zeitlos verweilen kann. Durch flache Gegenden fliessende Bäche wirken beruhigend und haben oft etwas Traumhaftes an sich. Wenn sie mit Gefälle vorbeirauschen und sich Wellen und Strudel wie junge Hunde jagen, stimulieren sie Freude und Lebenskraft. In beiden Fällen sind sie ideale Orte, um sich zu erholen und mit sich ins Reine zu kommen. Bäche tun einfach gut.

Wenn Bäche wie Lieder wirken, sind Flüsse Symphonien, die mal mit kraftvoller Ruhe, mal mit gewaltiger Dynamik das Gemüt bewegen. Im einen Fall lässt es sich auf ihnen treiben, im anderen wird es unweigerlich mitgerissen. Dabei regen sie stets den freien Fluss der Gefühle an und befreien den Geist von negativen, hinderlichen Emotionen. Je mehr Zeit man an einem Fluss verbringt, desto ruhiger wird man. Paradoxerweise fördert dessen unablässige Bewegung die Ausbreitung der inneren Stille, als würde er die eigene Rastlosigkeit übernehmen und mit sich forttragen. Wenn man sich dann hinlegt und sich der einzigartigen Atmosphäre der Flussufer hingibt, scheint das strömende Wasser durch einen hindurchzufliessen und Körper und Geist bis in die letzten Winkel zu reinigen. Typische Fluss-Kraftorte befinden sich bei Buchten, Biegungen, auf erhöhten Stellen, an Einmündungen von Bächen oder beim Zusammentreffen zweier Flüsse.

Wie wichtig Flüsse für das Lebensgewebe sind, zeigt sich auch an der magischen Anziehungskraft, die sie auf Menschen ausüben. Als natürliche Verbindungswege boten sie sich für Siedlungen geradezu an. Unabhängig davon spaziert oder rastet man nirgends so gern wie an einem Flussufer. Flüsse zählen seit Menschengedenken zu den beliebtesten Naherholungsgebieten, und selbst in Städten verbreiten sie noch etwas von der Freiheit und Reinheit der Natur.

Alle Kulturen verfügen über heilige Flüsse, die wie im Fall des Rheins, der Rhone, der Donau, aber auch des Ganges, Amazonas oder der Wolga Mythos oder gar Gottheiten sind. Diese Stellung unterstreicht dic Bedeutung, die sie für das Wohlergehen der Landschaften mit ihren Pflanzen, Tieren und Menschen haben. Entsprechend galten Flussgöttinnen als ausgesprochen mächtig und wurden hoch verehrt. In der Regel sind sie identisch mit den Göttinnen ihrer Quellen, wie dies etwa im Fall der Sequana noch im Namen ihres Flusses, der Seine, erkennbar ist.

Im Oberlauf des Rheins trifft man noch auf den Namen der sagenhaften Reitha, deren Name wahrscheinlich nicht zufällig dem des Rheins so ähnlich klingt. Vor allem in den ehemals keltischen Gegenden Europas tragen viele Flüsse noch Namen aus dieser Zeitepoche.

Seen

Für Seen gilt in vielem dasselbe wie für Meere, wenn auch in kleinerem Massstab. Wie Meeresküsten gehören auch Seeufer zu den ältesten Siedlungsgebieten, wie sogenannte Pfahlbauten aus der Jungsteinzeit belegen. Seen sind von jeher bevorzugte Lebensräume. Dies nicht zuletzt deshalb, weil ihre Wassermassen während der warmen Jahreszeit Wärme aufnehmen, diese speichern und in der kalten Jahreszeit wieder an die Umgebung abgeben. Seeregionen sind deswegen grundsätzlich milder als die umliegenden Landschaften, wie dies zum Beispiel am Thunersee im Berner Oberland augenscheinlich ist: Bloss vier bis fünf Kilometer von den ufernahen Rebbergen entfernt ragen die Felswände des über viertausend Meter hohen, auch im Sommer mit Schnee und Eis bedeckten Jungfraumassivs in die Höhe.

Seen bilden ausserdem seit Jahrtausenden ideale Verkehrswege, indem sie anstossende Landschaften und Dörfer zu einer organischen Einheit verbinden. Noch heute bieten Seen den Anwohnern reichlich Fische zur Ergänzung ihrer Lebensgrundlage. Sie sind begehrte Wohngebiete und ebenso beliebte Ferien- und Ausflugsorte. Als stille Gewässer wirken Seen allgemein harmonisierend und beruhigend. Je grösser und tiefer sie sind, desto weiter verbreiten sie ihre intensiven Schwingungsfelder über die umliegende Landschaft aus. An Seeufern finden sich viele natürliche Orte der Kraft und tradierte Kultplätze. Diese sind oft auf Anhöhen, in Buchten oder bei Einmündungen und Ausflüssen von Fliessgewässern.

Wie die Inseln in den Meeren, so bilden auch jene der Seen kleine, abgesonderte Welten. Da sich das Wasser im Sommer aufwärmt, gedeihen in dem milden, ausgeglichenen Inselklima Pflanzen, die sonst nur an südlicheren Standorten zu finden sind – wie dies etwa bei der Insel Mainau (Bodensee) der Fall ist. Solche Inseln vermitteln das Gefühl, man wäre in südlicheren Gefilden in Ferien. Sie werden von Erholungssuchenden hoch geschätzt, was ebenso sehr mit ihren typischen, intensiven Kraftfeldern zu tun hat, obwohl sich die meisten Besucher dessen nicht bewusst sind.

Seemythen

Seen sind seit je Zonen hoher spiritueller Energie, wie dies der universelle Mythos vom heiligen See belegt. Sowohl bei den Naturvölkern als auch in den Weltreligionen gelten Seen als heilig. Ihnen werden wahrhaft magische Kräfte zugeschrieben, und sie dienen als kultische oder religiöse Zentren. Von den Kelten wissen wir, dass sie die Göttinnen der Seen verehrten und ihnen Blumenopfer darbrachten. In diesem Zusammenhang ist die *Lady of the Lake* oder Seefrau aus der Artuslegende zu erwähnen. In der Mythologie verwischt die Grenze zwischen Seegöttinnen oder dem morphischen Bewusstsein der jeweiligen Schwingungsfelder der Seen und den lokalen Fruchtbarkeitsgöttinnen. Der Grund dafür liegt wohl darin, dass Seeregionen ihrem milden Klima wegen ausgesprochen fruchtbare Gegenden sind, was man in der Antike auf die jeweilige Seegöttin zurückführte.

Mischformen

Viele klassische Kraftorte und Kultplätze stellen eine Mischform der Elemente dar. Zu ihnen zählen erhöhte Landzungen zwischen den Zusammenflüssen von Gewässern oder in Flussschlaufen, wo sich die Elemente Luft und Wasser verbinden. Bei Auenlandschaften und Mooren gehen Wasser und Erde ineinander über, bei alten, grossen Bäumen oder Wäldchen auf Hügelkuppen «umarmen» sich Luft und Feuer. Die Kraftfelder solcher Orte verbinden Gegensätze, was sich auf die Menschen überträgt. Sie sind deshalb besonders geeignet, wenn störende Konflikte zwischen den inneren Elementen/Temperamenten auftreten, aber auch wenn Gegensätze zwischen zwei Menschen Probleme bereiten.

Wo sich die Elemente auffällig miteinander verbinden, zeigen sich nach Tradition der Naturvölker auch Übergänge zwischen den Welten.

Zusammenflüsse, Flussschlaufen und Auen

Wo zwei Flüsse oder Bäche aufeinandertreffen, nimmt die Wassermenge unvermittelt zu und entsprechend potenziert sich deren Energie. Solche Orte sind stets etwas kraftvoller als die übrige Umgebung. Das energetische Zentrum liegt meistens an der Spitze der zwischen den Gewässern liegenden Landzunge, wo im Falle von Siedlungen oftmals eine Burgruine oder alte Kirche steht. Entsprechend der Signatur ist das Kraftfeld solcher Zonen vom Geist und von der Energie des Zusammenkommens geprägt.

Flussschlaufen wirken wie elektrische Spulen, generieren also Energie. Dies gilt besonders für Systeme von Schlaufen, bei denen sich in der Antike durchwegs sakrale Orte und bedeutende Siedlungen befanden. Kraftvolle Orte finden sich im Zentrum der Schlaufe, an deren äussersten Punkt, aber auch am anderen Ufer unmittelbar gegenüber des äussersten Punkts der Schlaufe, der oft eine erotische Qualität hat. Überhaupt haben Flussschlaufen von oben betrachtet eine Analogie zu den Geschlechtsorganen, was als Signatur auf deren energetische Spannung und gleichzeitige Harmonie gilt, wie das auch in der Sexualität der Fall ist. Das Spiel der Polarität erzeugt bei Flussschlaufen starke Kraftfelder, die auf die inneren Gegensätze wirken.

Auen gehören zu den wichtigsten Biotopen Europas. Leider sind sie zum grössten Teil zerstört oder bedroht. Wo sie noch existieren, werden sie ständig neu gestaltet, indem Wald- oder Buschvegetation abgetragen und Kiesbänke angeschwemmt werden und damit immer wieder neue Stellen für Pionierpflanzen geschaffen werden. Auenlandschaften sind deshalb auf die natürliche Dynamik der Gewässer angewiesen. Infolge der vielen Flussuferverbauungen sind viele Auen verschwunden. Die übrig gebliebenen bilden den Rest eines vom Miteinander von Wasser und Land geprägten Urwalds, der einst entlang der Flüsse die Täler bedeckte. Die mit Pappeln, Weiden, Eichen, Eschen und Erlen bestandenen Zonen gehören zu den artenreichsten Lebensräumen für Tiere und Pflanzen, denen sie periodisch überflutete Feuchtwälder, Kiesinseln, Pfützen, Tümpel, Wassermatten, aber auch Trockenwiesen bieten. Allein der Anblick der stillen Tümpel und Deiche, lebhaften Bäche und lauschigen Flussuferbuchten inmitten kräftiger Bäume, durchsetzt von moderndem Altholz, bewegt auf eigentümliche Weise das Gemüt. Nirgends sonst kann man gleichzeitig in unmittelbarer Nähe vom stillen Seelein und dem schnell fliessenden Fluss sitzen und den Gegensatz des Wassers verinnerlichen, das wie die Gefühle der Menschen mal ruhig und tiefgründig ist, mal ungestüm alles mitreisst.

In Auen befinden sich die typischen Grundwasseraufstösse, Giessen genannt, deren nach oben gedrücktes Wasser in runden Quelltöpfen aus dem Boden sprudelt und den Anfang von Bächen bildet. Charakteristisch für diese selten gewordenen Quellen sind die Sandvulkane. Sie werden von dem aufsteigenden Wasser gebildet, das den Sand am Boden der Quelltöpfe in die Höhe wirbelt, der wiederum an der Peripherie an den Grund sinkt und der Mitte zu rinnt, um erneut in die Höhe getragen zu werden. Wer sich Zeit nimmt, das Spiel von Wasser und Sand zu betrachten, wird etwa an Goethes Worte erinnert: «Gestalten, umgestalten. Des ewigen Geistes ewiges Walten.» Das dynamische Muster eines Sandvulkans wirkt wie ein sich ständig veränderndes Meditationsbild, ein Gleichnis für die aus dem gemeinsamen Urquell aufsteigenden Lebewesen und Welten, die wie die Sandkörner ihre Zeit des Steigens und Fallens haben. Man müsste allerdings eine Weile am Quelltopf sitzen, um in jedem Sandkorn ein Universum zu sehen.

In der alteuropäischen Naturmythologie waren Auen sakrale Landschaften, die von Naturgeistern wie Moosleutchen, Schilfelfen, Wassernymphen bewohnt waren und oft von mächtigen Gottheiten besucht wurden. So artenreich und landschaftlich mannigfaltig Auen sind, so dicht sind sie mit Orten der Kraft besetzt; sei es an Quelltöpfen, Altwasser, Flussbuchten oder unter knorrigen Eichen. Wenn in der Abenddämmerung dann noch zwei Schwäne ruhig über einen Teich gleiten, hört man im Laub der Bäume manches raunen.

Moore

Wie die Auen sind auch Moore das Ergebnis des Zusammenspiels von Erde und Wasser. Da sie keine intensive Nutzung ermöglichen, kann sich die Natur in Mooren noch frei entfalten. Dies allein schon macht sie zu kraftvollen Landschaften, die von ihrer Umgebung abgesondert eigene Räume bilden. Wer sich auf sie einlässt, wird erfahren, dass Moore auch in seinem Inneren Räume öffnen, welche man aus Träumen zu kennen glaubt. Das Mosaik von Tümpeln, Feuchtwiesen, kleinen Seen, Inseln, Schilfgürteln, Seerosen und aufquellenden Torfhügeln ist mit nichts vergleichbar.

Bei Mooren und Auen lassen sich noch Libellen beobachten, die nach der Sage Naturgeistern, wie etwa den kleinen Nymphen, als Reittiere gelten. Früher glaubte man, sie seien die letzten Nachkommen der Drachen (englisch *Dragonfly*), die sich klein gemacht haben, um den Wahn der Drachentöter zu überleben. Wo sie vorkommen, ist die Natur noch weitgehend gesund, allerdings sind sie auf die Hilfe aller naturliebenden Menschen angewiesen.

Wer sich einmal der einzigartigen Stimmung eines Moores hingegeben hat, versteht, weshalb sie im Altertum als heilige Landschaften galten und von Kultplätzen gesäumt waren. Bei Regen, am Abend oder wenn Nebelschleier über sie streifen, verbreiten Moore eine Atmosphäre, die manche als gruselig oder gar beängstigend empfinden. Dies hängt teilweise mit dem schlechten Ruf als Opferstätten zusammen, den sie zu Unrecht erhalten haben, denn bei den bekannten Moorleichen handelt es sich nicht um Menschenopfer, sondern um Verbrecher wie Mörder, denen damals kein Platz mehr in der Gesellschaft eingeräumt wurde und die sozusagen der Grossen Mutter zurückgegeben wurden. Als Landschaften des Übergangs zwischen Diesseits und Anderswelt, zwischen Leben und Tod boten sie sich dafür an.

Übergänge und Durchgänge

Natürliche Tore im Sinne der Naturmythologie werden meistens aus zwei Objekten gebildet, wie etwa aus einem Baum und einem Felsblock. Sie können aber auch von einem einzelnen markanten Baum, oft mit Verwachsungen, oder einem Felsdurchgang wie dem Durchkriechstein auf dem Hemmaberg gebildet werden. Naturtore im Sinne der Geomantie befinden sich immer dort, wo eine besondere energetische Landschaft beginnt. Meistens ist der Unterschied mit den Sinnen wahrnehmbar; durchschreitet man ein Landschaftstor, zeigt sich dies häufig durch das Gefühl, einen anderen inneren Raum betreten zu haben. Deutlich spürbar ist dies bei Durchgängen wie Felsspalten, Höhlen oder auch Naturbrücken. Zu den natürlichen Toren zählen ebenfalls Standorte, von denen aus man Eingänge sieht, wie zum Beispiel im Schattenwurf von Felswänden. Oft werden diese nur zu bestimmten Zeiten sichtbar. Je nach Sonneneinstrahlung öffnet sich dann ein Zeittor.

Natürliche Durchgänge führen in andere Erfahrungsräume. Man fühlt, dass sich etwas verändert hat. Da die Veränderungen sehr subtil und deshalb kaum spürbar sind, ist Achtsamkeit gefordert, um nicht einfach in gewohnter Weise weiterzugehen,

sondern die feinen Unterschiede zu entdecken. Es empfiehlt sich, die Umgebung aufmerksam mit allen Sinnen aufzunehmen und insbesondere auf Gefühle zu achten.

Radiästhesie und Geobiologie

Seit Menschengedenken werden Pendel und Ruten verwendet, um Kraftfelder zu muten, wie sie etwa von Grundwassergerinne ausgehen (Grundwasser fliesst nicht in Adern, sondern rinnt durch den porösen Untergrund). Die meisten Pendler und Rutengänger beschäftigen sich vor allem mit der Strahlung von Grundwasser, sei dies, um Wasserquellen zu finden oder störende Einflüsse des Grundwassers aufzuspüren. Die Wassergerinne unter Wohnräumen werden von manchen Menschen als störend empfunden, auf andere wirken sie anregend – besonders dort, wo sich solche kreuzen. Bei manchen alten Kirchen befinden sich die Altäre oder das Zentrum des Chors genau über Kreuzungen von Wassergerinnen, wo bereits im Altertum sich die Zentren der Kultorte befanden. Wassergerinne sind also weder negativ noch positiv, sondern wirken immer nur in Kombination mit anderen Faktoren in die eine oder andere Richtung. Anlässlich Renovationen bedeutender Kirchen und Kathedralen wurden Überreste eines Kanalsystems entdeckt, das unter dem Fussboden verlief und offenbar das Wasser einer einstmals heiligen Quelle gleichmässig über die Fläche verteilte, und wo sich die Gläubigen also im Schwingungsfeld des guten Wassers befanden. Solche Felder sind anregend und haben möglicherweise einen Einfluss auf das spirituelle Erleben; wahrscheinlich würden sie als störend empfunden, würde man sich ständig in ihnen befinden oder gar über ihnen schlafen.

Seit einigen Jahrzehnten konzentrieren sich Radiästhesiefachleute zunehmend auf Erdstrahlung, beispielsweise auf das Hartmannsche Globalnetzgitter. Wie Geobiologen feststellten, erstreckt sich das Gitter über die ganze Erdoberfläche und ist magnetisch ausgerichtet. Entsprechend befindet sich in Nord-West-Richtung alle zwei Meter ein Streifen von zirka zwanzig Zentimeter Breite, in Ost-West-Richtung alle zweieinhalb Meter.

Wo sich die Linien kreuzen, muten Radiästhesisten verstärkte Strahlung, die in Kombination mit anderen Faktoren Pflanzen, Tiere und Menschen beeinflussen. Dazu gehören energetische Linien, die diagonal zum Hartmannschen Gitter verlaufen, natürliche Radioaktivität oder Bodenelektrizität. Ausserdem wird von feinstofflichen Einflüssen wie etwa Planetenlinien berichtet, die sich ins energetische Gewebe der Landschaften einfügen. Um solche präziser zu muten, wurden sogenannte Energieantennen entwickelt, die neben physikalischen Feldern, wie sie etwa von Wasser oder Elektrizität ausgehen, auch andere Kraftfelder respektive Linien anzeigen sollen. Da die Bestimmung solcher Einflüsse Fachwissen und Übung voraussetzt, empfiehlt es, sich für den alltäglichen Umgang mit den Kräften der Erde auf das natürliche Gespür zu verlassen, mit dem jeder Mensch ausgestattet ist.

Energielinien und Erdmeridiane

An der Frage, ob Verbindungslinien zwischen bestimmten Orten zufällig oder von Bedeutung sind, scheiden sich unter Geomanten die Geister.

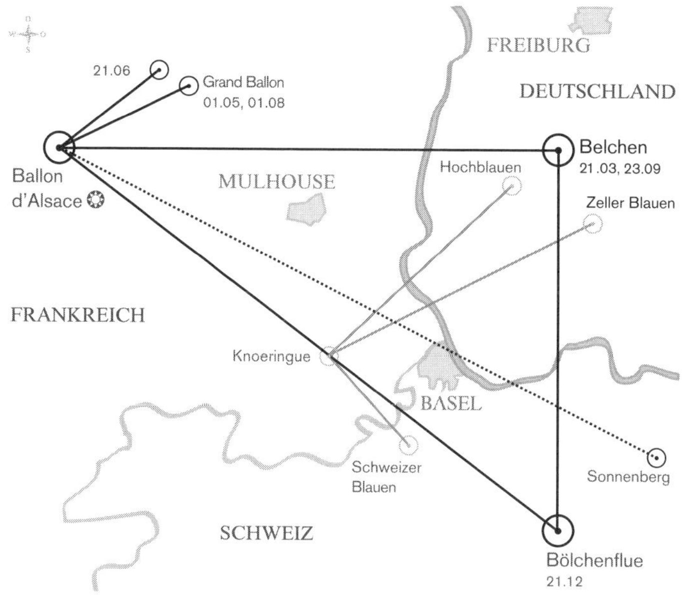

Dabei ist zwischen überregionalen, ja kontinentalen Verbindungen und lokalen zu unterscheiden. Linien, die von Ägypten bis tief nach Russland reichen, werden auch als Erdmeridian bezeichnet. In diesen Fällen gibt es keine plausible Erklärung, wie solche, über grosse Distanzen verlaufenden Linien bestimmt werden konnten. Kritiker bemängeln ausserdem, dass über solche Distanzen rein statistisch immer verschiedene bedeutende Orte liegen müssen.

Lokale Linien und Verbindungsnetze können bereits vor einigen Tausend Jahren bestimmt worden sein. Oft finden sich in überschaubaren Gegenden nicht nur erstaunlich genaue Verbindungslinien von Kultplätzen (heute oft Kirchen), sondern ganze Netzwerke von Linien. Beispielhaft sind etwa die Arbeiten vom Autor Kurt Derungs über den Bielersee, wo Kultplätze miteinander verbunden sind, die teilweise in die späte Mittelsteinzeit zurückreichen, aber auch den Standort des Hortfundes bei La Tène einbeziehen; oder eine Broschüre von Erich Neumann über die Johannissteine bei Lage. In diesem Fall hat der Autor Linien in doppelter Kreuzform (Oktogon) gefunden, welche genau nach den Himmelsrichtungen respektive den Halbwerten (Südost-Südwest und Nordost-Nordwest) gerichtet sind und von einem zentralen Steinheiligtum ausgehend, Kirchen, Standorte alter Bäume usw. verbinden. Bei diesen, nach Himmelsrichtungen und anderen astronomischen Punkten ausgerichteten Linien ist die Versuchung gross, von Kalenderanlagen auszugehen. Dass solche seit mindestens der Jungsteinzeit existieren, beweist unter anderem das berühmte Stonehenge. Zunehmend können auch in Deutschland, Österreich und der Schweiz solche Zusammenhänge nachgewiesen werden.

Bei einigen der Anlagen mit astronomischen Bezügen drängt sich allerdings die Vermutung auf, dass sie nicht als Kalender dienten. Möglicherweise sollten mit ihnen die Energie des Himmels auf die Erde «geholt» und somit die beiden verbunden werden. Derartige Orte wären Verbindungsstellen zwischen den beiden grossen Polen.

Geheimnisvoller sind Verbindungsnetzwerke, die nicht solchen Kriterien entsprechen. Welchem Zweck diese dienten, kann nur vermutet werden. Plausibel wäre, dass sie Beziehungsnetze darstellen, also Orte verbinden, die in einer engen Beziehung zueinander standen oder eine geomantische Einheit darstellen.

Beim Suchen von Kultplätzen (die stets Orte der Kraft sind) kann es also durchaus hilfreich sein, nach solchen Linien und Netzwerken zu forschen, wenn erst einmal ein Ort bestimmt werden konnte.

Alte Wege

Entlang vieler alter Verbindungswege gibt es Abschnitte (vor allem jene, die nicht asphaltiert sind), die einen beim Begehen richtiggehend energetisch aufladen. Dasselbe kann auch auf Wegstücken geschehen, die einst kultischen Charakter besassen, wie etwa Prozessionswege. Zu den bekanntesten gehören der Jakobsweg – ein Wegenetz, das von Deutschland (Ulm) nach dem spanischen Santiago de Compostela führt –, alte Kirchwege, aber auch sogenannte Heidenwege. Viele dieser Wege wurden bereits vor Jahrtausenden benutzt. Verschiedene Artefakte belegen, dass die Menschen bereits in der Mittelsteinzeit grosse Distanzen zurücklegten. Anhand von Zahnschmelz gefundener Skelette konnte bestimmt werden, wo diese Menschen geboren, aufgewachsen und gelebt hatten – ein Indiz, dass in der Jungsteinzeit bereits rege gereist wurde. Die zahlreichen Menschen, welche diese Wege gegangen sind, haben – bildlich gesprochen – sie aufgeladen und zu feinstofflichen Leitungen gemacht, deren Energie noch heute bei jedem achtsamen Schritt gestärkt und erneuert wird.

Allerdings sind viele der alten Wegstrecken nicht als solche überliefert. Wenn Zeit, Ort und Umstände günstig sind, werden alle Wege zu Pilgerwegen. Auf ihnen fühlt sich der Wanderer auf geheimnisvolle Weise mit dem Jahrtausende zurückreichenden Strom der Reisenden verbunden. Pilger, ob sie nun einer Konfession angehören oder nicht, überwinden auf dem Weg nicht nur räumliche, sondern auch zeitliche Distanzen. Das Erlebnis, Teil einer endlosen Kolonne von Menschen zu sein, die in der Vergangenheit denselben Weg beschritten oder ihn in Zukunft gehen werden, verleiht ein Gefühl der Zeitlosigkeit und macht den Weg zum Ziel. Wenn dies geschieht, führt er gleichzeitig nach innen, zu sich selbst. Dann ist er nicht nur ein Weg der Orte, sondern auch einer, der uns mit dem Herzen verbindet. Wer dies erlebt, hat etwas gefunden, das kostbarer ist als das meiste, was die materielle Welt zu bieten hat.

Zeigerpflanzen

Pflanzen geben zuverlässige Hinweise auf aussergewöhnliche lokale Energiefelder. Zu den sogenannten Zeigerpflanzen zählen vor allem Gewächse, die den Alteuropäern als heilig galten. Dies möglicherweise deshalb, weil sie vorzugsweise an besonderen Orten wachsen und dort hervorragend gedeihen. Zwar trifft man vielerorts Stechpalmen; in kraftvollen Landschaften, entlang alter Wege und in der Umgebung von Kultplätzen werden sie jedoch bis zu sechs Meter hoch, oder Misteln bilden Dutzende von üppigen Büschen. Weitere Zeigerpflanzen sind Wacholder, Holunder, Weissdorn, Hasel, Lärche, Immergrün, Eibe, Haselstrauch oder Brennnessel. Die Hexenpflanzen Tollkirsche *(Atropa belladonna),* Stechapfel und Bilsenkraut mögen ebenfalls kraftvolle und mystische Orte; vor dem Genuss ihrer Früchte, Samen oder Blüten muss gewarnt werden. Sie können ernsthafte Störungen verursachen oder gar zum Tod führen. Über die Bedeutung der heiligen Pflanzen Alteuropas sind verschiedene Bücher erhältlich, weshalb wir hier nicht näher darauf eingehen. Selbstverständlich gelten solche Gewächse nur als Zeigerpflanzen, wenn sie von Natur aus an ihren Standorten wachsen.

Oft wachsen bei kraftvollen Orten Kolonien bestimmter Baumarten, die in der näheren Umgebung sonst nicht vorkommen, was ebenfalls als Hinweis auf aussergewöhnliche Schwingungsfelder zu werten ist. Ein weiteres Indiz auf Orte der Kraft ist eine grosse Vielfalt an Pflanzen, insbesondere wenn sich seltene Arten zeigen. Da viele Pflanzen gegen Umweltgifte und Überdüngung anfällig sind, trifft man artenreiche Vegetation meistens in naturnahen Gebieten wie Heiden, Alpwiesen, Mooren oder natürlich gewachsenen Wäldern. Solche Orte gelten traditionell als beliebte Wohnstätte von Elfen, bevorzugen doch Naturgeister kraftvolle Orte.

Üppiger Wuchs der Vegetation ist eines der Merkmale für Orte, wo das Element Feuer vorherrscht. Aber auch an anderen Standorten können Pflanzen kräftig wachsen. Beispielsweise finden sich bei starken und alten Bäume oft weitere ähnlich gross gewachsene, alte Exemplare. Förster kennen das Phänomen und stellen fest, dass an gewissen Orten die jährliche Zunahme der Holzmasse von Bäumen deutlich über dem Durchschnitt liegt.

Verwachsungen, Zeichen und Formen

Zu den Zeigerpflanzen gehören auch alle Gewächse, die Wachstumsanomalien aufweisen, welche nicht auf Krankheiten oder äussere Einflüsse, etwa Wetterschäden, zurückzuführen sind. Typische Hinweise auf starke Kraftfelder geben Rüsseläste, die vor allem bei den Nadelhölzern Fichten (Rottannen) und Kiefern (Föhren, Arven) auftreten. Darunter versteht man Äste, die nach dreissig Zentimeter bis einem Meter vom Stamm entfernt parallel zu ihm in die Höhe wachsen. Ebenfalls bei diesen Baumarten finden sich anstelle eines Stammes bis zu deren fünf. In beiden Fällen reagieren die Bäume auf starke Energieflüsse zwischen Kosmos und Erde, die sie mit derartigem Wachstum verteilen und ableiten. Bei den oben aufgeführten Bäumen kann man beobachten, dass sie sich kraftvollen Orten zuneigen. Dieses Phänomen kann allerdings leicht mit dem Ausweichen von störenden Wassergerinnen verwechselt werden, was auf den ersten Blick gleich aussieht. Bei Buchen weisen längs dem Stamm emporlaufende oder an einzelnen Bereichen auftretende Geschwülste auf starke Energieflüsse. Dasselbe gilt für Bäume mit den Hexenknoten genannten Wucherungen am Stamm. Ebenfalls auf hohe Energie weisen Auswüchse im unteren, sonst astfreien Bereich der Stämme.

Jene Zonen, wo sich solche Verwachsungen häufen, sind enorm kraftvoll. Verschiedene Heilerinnen berichten von an Wunder grenzenden Kräften der Kräuter, welche an solchen Orten wachsen. Aber bitte grasen Sie nicht einfach alles ab, was dort wächst! Am besten legt man sich einfach auf den Boden und lässt sich direkt von den Schwingungen durchfluten und aufladen. Gewundene Stämme oder sogenannte Korkenzieher gelten als Anzeiger für blinde Quellen, also aufsteigende Wasserquellen, die vor dem Erreichen der Oberfläche wieder versickern. Dies gilt nicht im selben Mass für Apfelbäume, die bereits bei geringer Wasserstrahlung wie etwa feuchten Böden solche Drehungen aufweisen. Manchmal weicht der Astwuchs von Bäumen derart von der Norm ab, dass sie regelrecht zu tanzen scheinen, wie Antennen aussehen oder dem Haarwuchs des Struwwelpeters gleichen. Es ist nicht möglich, alle Hinweise zu erfassen, weshalb eine sorgfältige, achtsame Beobachtung empfohlen wird; und dies nicht nur im Zusammenhang mit Verwachsungen.

Fliegenpilze und Flechten

Zu den Zeigerpflanzen zählen auch Fliegenpilze, insbesondere wenn sie zahlreich sind oder Kreise bilden. Solche Hexenkreise beeindrucken selbst rationale Geister. Naturfühlige Menschen können meistens nicht anders, als sich bei ihnen hinzusetzen und ihren Anblick sowie die Kraft des Ortes zu geniessen. Es versteht sich von selbst, dass Fliegenpilze nicht mutwillig zerstört werden sollten. Sie sind weder im eigentlichen Sinn des Wortes giftig (obwohl von ihrem Konsum gewarnt werden muss) noch mit dem Teufel verbunden.

Flechten sind Verbindungen von Algen und Pilzen. In Europa gibt es zirka zweitausend verschiedene Arten, wie Krustenflechte, Landschaftsflechte und die wie Zwergenbärtchen an Bäumen hängende Strauchflechte. Stets sind sie als Anzeiger für gute Luft, denn bei Schadstoffbelastung gehören die empfindlichen Wesen zu den ersten Opfern. Wo sie noch gedeihen, kann man ruhig durchatmen.

Wie bereits unter Element Erde aufgeführt, ist stets das Bodengestein entsprechend den Entstehungsarten der Gesteine zu beachten. Im Kontrast dazu stehen Fremdgesteine, erratische Blöcke oder auch Findlinge genannt, die von den eiszeitlichen Gletschern verfrachtet wurden. Ihre oft starke Ausstrahlung kann einerseits mit dem Kontrast zur Umgebung erklärt werden. Erratische Blöcke wirken wie Gegenpole zum Ortsgestein, und dementsprechend entstehen in ihrer Nähe starke Kraftfelder. Auf der Oberfläche stehende Blöcke dienten häufig als Kultsteine, auch in jenen Fällen, wo dies nicht belegt ist; deshalb schwingen in ihren morphischen Feldern noch immer «Erinnerungen» an diese Zeit mit. Auffallend viele der erratischen Blöcke wirken, als seien sie mit Bedacht an ihren Standort abgelegt worden, als hätte die Natur an den dafür geeigneten Orten die Methode der Steinsetzung oder Lithopunktur angewendet, wie dies später die Menschen mit den Menhiren machten. Möglicherweise lernten sie diese Methode anhand der erratischen Blöcke direkt von der Natur.

Natürlich hat sich der Gletscher darüber keine Gedanken gemacht, als er die Blöcke deponierte; aber die Vorgänge während der Eiszeit wurden von demselben übergeordneten Bewusstsein gesteuert, dessen Wirken wir überall in der Natur beobachten können. Vieles, was auf den ersten Blick zufällig wirkt, stellt sich bei genauerer Beobachtung als sinn- und bedeutungsvoll heraus. Sicherlich ist unser Vorstellungsvermögen zu begrenzt, um über Jahrtausende dauernde Vorgänge wie Gletscherbewegungen und Setzungen von Blöcken zu erfassen. Es kann dennoch nicht ausgeschlossen werden, dass die Steine genau dort zu liegen kamen, wo sie hingehören. Für diese zugegebenermassen fantastische Vorstellung spricht, dass viele der Kultsteine tatsächlich von den Eisriesen der Gletscher an ihre Standorte transportiert worden sind.

Kontaktzonen und Verwerfungen

Der Untergrund ist das Ergebnis fast unendlich langer geologischer Vorgänge, während denen Gesteine entstanden, aber auch verfrachtet, umgeschichtet, in die Höhe geschoben und auseinandergerissen wurden. Der Boden unter unseren Füssen besteht dementsprechend aus einem komplexen Durcheinander von Gesteinen. Wo verschiedene Gesteinsarten aufeinandertreffen, spricht man von Kontaktzonen.

Wie im Fall der erratischen Blöcke ergibt sich aus dem Kontrast ihrer unterschiedlichen Schwingungen eine Spannung, die besonders intensiv zu spüren ist, wenn so verschiedene Stoffe wie der aus organischem Material (Muschelschalen, Fischknochen) bestehende weiche Kalk und der aus Magma kristallisierte harte Granit aufeinanderstossen. Entlang solcher Kontaktzonen, deren Lage in geologischen Atlanten oder Karten verzeichnet sind, herrscht stets eine Spannung, im Sinne eines starken Kraftfeldes.

Verwerfungen oder Bruchlinien sind in den letzten Jahren zum Thema der medizinischen Geopathie geworden, weil sich die Anzeichen dafür verdichten, dass entlang einiger dieser Brüche im Grundgestein gewisse Krankheiten häufiger auftreten. Es gilt als gesichert, dass zum Beispiel Erdradioaktivität durch die wie gewaltige Risse verlaufenden Bruchlinien leichter an die Oberfläche treten kann und deshalb dort erhöhte Werte gemessen werden. Schamanen weisen allerdings darauf hin, dass Brüche nicht zwangsläufig negative Einflüsse haben. Wie genau das Erdinnere beschaffen ist und welchen Einfluss es auf das Lebensgewebe hat, ist trotz grossen Fortschritten in der Forschung nach wie vor kaum bekannt. Dies gilt besonders bezüglich der verschiedenen physikalischen und feinstofflichen Energien, die aus geheimnisvoller Tiefe aufsteigen. In der Geomantie sind diese mit den Drachen des Erdinnern verbunden, die als sehr kraftvoll gelten. Entsprechend intensiv wirken die energetischen Felder entlang solcher Linien, die das Gewebe ganzer Landstriche beeinflussen.

Krater, Dolinen und poröse Böden

Krater sind in Europa nicht häufig, werden aber zu den besonderen geologisch-geomantischen Zonen gezählt, da sie über eine starke Ausstrahlung verfügen. Dies wird unter anderem mit der Aufprallenergie erklärt, die im örtlichen Energiefeld gespeichert ist, aber auch mit dem Kontakt zum ausserirdischen Material der Meteoriten.

Kraterähnliche Senken oder Dolinen entstehen dort, wo im Boden gelagertes, stark wasserlösliches Material wie etwa Gips vom einsickernden Wasser gelöst und abgetragen wird, was dann zum Absinken der Oberfläche führt. In den Alpen lassen Flurnamen solcher Dolinen vermuten, dass sie als Orte mit aussergewöhnlichen Schwingungen erkannt und daher als Kultplätze genutzt wurden. Man kann die Vorstellung der Alten, dass überall dort, wo Krater, Dolinen oder auch poröse Böden Verbindungen ins Erdinnere führen, leicht als Aberglaube abtun. In der Tradition jedoch gelten sie als bevorzugte Wohngebiete von Naturgeistern, was stets als Hinweis auf starke Kraftfelder zu deuten ist. Forscher machen darauf aufmerksam, dass dort, wo der Untergrund von Zwischenräumen durchzogen ist, wie etwa im sogenannten Karst, aber auch in Bereichen, wo Sturzblöcke aufeinanderliegen, tatsächlich die Verbindung ins Innere der Erde etwas durchlässiger ist.

Kultplätze

Wer in Europa nach Orten der Kraft und magischen Landschaften sucht, stösst unweigerlich auf Standorte urgeschichtlicher Siedlungen und Kultplätze. Da im Altertum Land im Überfluss zur Verfügung stand, wurden die Orte nach ihrer Sicherheit, der Verfügbarkeit von Nahrung, dem Klima und dem Anschluss an die wenigen Verkehrswege (Gewässer) gewählt. Unter den Orten, welche diesen Anforderungen entsprachen, wählten die Schamaninnen oder Druiden jene Plätze aus, deren energetische oder magische Eigenschaften ideal waren. Man kann davon ausgehen, dass Standorte alter Siedlungen und insbesondere deren Kultplätze besondere bioenergetische Eigenschaften aufweisen.

Zahlreiche dieser Siedlungen und Kultplätze lagen auf Hügeln, die wie Inseln vom sumpfigen, mit Urwald bewachsenen Talboden umgeben waren. Auf ihnen finden sich noch immer viele Zeugen der einstigen Heiligtümer. Vermutlich sind manche Kultplätze in Vergessenheit geraten, und ihre Standorte warten darauf, als Orte der Kraft entdeckt zu werden.

Neben den erhöhten bioenergetischen Werten wirken bei altertümlichen Stätten auch subtile Schwingungen, die sich kaum erfassen lassen. Verschiedene Forschungsansätze weisen darauf hin, dass im Kraftfeld von Orten Informationen aus der Vergangenheit gespeichert sind. Die Menschen, die an diesen Orten die Verbindung zum Mysterium des Lebens fanden, haben einen Pfad geschaffen, der uns heute den Zugang erleichtert. Jenseits des trennenden Denkens ist alles miteinander verbunden. Innen und Aussen, Vergangenheit und Zukunft, das Ich und die Welt sind nicht wirklich getrennt. In diesem Sinne sind Kultplätze vergleichbar mit Zugängen zu einem multidimensionalen kosmischen Netzwerk, das unabhängig von Zeit und Raum existiert, über das man Verbindung zur Weisheit der Vorfahren finden kann. Oft sind Kultplätze mit Sagen verbunden, die zwar meist kaum noch die ursprünglichen magischen Begebenheiten erzählen, doch allein die Tatsache, dass eine Sage existiert, verweist auf die Bedeutung dieser Orte.

Geobiologinnen messen bei alten Kultplätzen immer höhere Bioenergiewerte. Dass sie Kraftorte sind, bestätigen viele naturfühlige Menschen. Gelegentlich hört man, dass einige der landläufig bekannten Orte mit hohen Besucherzahlen ermüdet sind und kaum noch als Kraftplatz wirken. Dies gilt allerdings nur, wenn die Besucher nichts Positives zum jeweiligen Schwingungsfeld beitragen. Im umgekehrten Fall stärken sie die Energie, wie das auch bei bekannten christlichen Heiligtümern beobachtet werden kann.

Die als gesichert geltenden Kultplätze finden sich in einschlägiger Literatur, insbesondere, wenn sie von regionaler oder gar überregionaler Bedeutung sind. Die Bundesländer und Kantone führen Inventare, und in den meisten Regionen gibt es dazu alte, aber auch neue Bücher. Informationen zu den zahlreichen relativ unbekannten Standorten von Kultplätzen erhält man von Gemeinden oder Kommunen, die einen allerdings oft an den jeweiligen Lokalhistoriker verweisen.

Zur Suche von Standorten ungesicherter Kultplätze verweisen wir auf die oben gegebenen Hinweise im Zusammenhang klassischer Kraftorte und der folgenden Angaben.

Erdwerke

Die meisten Ringwälle, Erdburgen oder Keltenschanzen wurden in der Vergangenheit stets als Festungen gedeutet. In manchen Fällen trifft es zu, aber vieles weist darauf hin, dass diese Orte ursprünglich Kultplätze waren, welche erst später befestigt wurden. Viele Erdwerke dienten aber nie als Festungen, wie dies leicht aus ihrer Lage und Beschaffenheit abgeleitet werden kann, sondern hatten ausschliesslich sakrale Bedeutung.

Die bekannten Ringwälle sind von unterschiedlicher Grösse und variieren von einigen Metern Durchmesser bis zu riesigen Anlagen, wie sie kürzlich zum Beispiel bei Dresden entdeckt wurden. Der Kreis ist eines der ältesten Symbole für die Zyklen der Erde und der Planeten, weshalb solche Strukturen von Fachleuten oft mit Observatorien in Zusammenhang gebracht werden. Dies trifft sicher dann zu, wenn die einschlägigen Himmelsrichtungen mit Steinen oder Pfählen markiert sind, muss aber nicht immer der Fall sein.

Die Erdburgen haben ebenfalls ringförmige Wälle, oft in mehrfacher Ausführung. Einige von ihnen sind offenbar über lange Zeiträume ausgebaut worden, weshalb ihr Alter nicht genau bestimmt werden konnte. Meistens ist der Ort mit der intensivsten Schwingung im Zentrum der Anlage, die in der Regel auch den höchsten Punkt bildet. Einige dieser zentralen Hügel sind künstlich geschaffen worden; oft wurde der Standort so gewählt, dass eine natürliche Erhebung genutzt werden konnte.

Die als Keltenschanzen bezeichneten viereckigen Strukturen mit ungleichen Seitenlängen bestehen aus einem eher niedrigen Erdwall sowie einem Graben. Solche Viereckschanzen findet man von der französischen Atlantikküste bis nach Böhmen, so etwa auch auf dem Donnersberg (Donarsberg) bei Rockenhausen in der Pfalz. Sie wurden stets in der Nähe von Quellen oder Wasserläufen angelegt. Anfänglich von den Archäologen als Überreste befestigter Höfe oder Fliehburgen gedeutet, gilt es heute als gesichert, dass sie nicht als Festungsanlagen genutzt wurden.

Bei Ausgrabungen in Deutschland, wo sie vor allem am Rhein häufig zu finden sind, wurden Opferschächte entdeckt, die auf kultische Nutzungen schliessen lassen. Auf den ersten Blick unterscheidet sich der innere Bereich solcher Anlagen nicht von der Umgebung. Nach einer Weile jedoch spürt der aufmerksame Besucher eine besondere Schwingung, wie dies für alte Kultplätze typisch ist. Eine erfahrene Geomantin spürt innerhalb der Vierecke eine deutlich zum Himmel ausgerichtete Energie und glaubt, dass sie wie Tore nach «oben» wirken. Verschiedene Fachleute weisen darauf hin, dass die verlängerten Seitenlinien der Keltenschanzen markante Landschaftsmerkmale und Kultplätze miteinander verbinden, und deuten die Anlagen als Zentren keltischer Landvermessung. Wie bereits erwähnt, schliesst dies eine gleichzeitige kultische Nutzung nicht aus.

Unabhängig davon, welche Bedeutung die Erdwerke ursprünglich hatten, sind sie heute kraftvolle Orte, bei denen sich geneigte Besucher aus dem Wirrwarr des modernen Alltags lösen und sich mit dem Zeitlosen verbinden können.

Festplätze, traditionelle Ausflugsziele und Hexentanzplätze

Traditionelle Standorte von Älplerfesten und anderen überlieferten Plätzen von Zusammenkünften der lokalen Bevölkerung erweisen sich oft als besonders kraftvoll. Wahrscheinlich wurden sie aus diesem Grund überhaupt ausgewählt. Aber sicher wurde ihr Kraftfeld von der dort gefeierten Lebensfreude stark geprägt. Hinweise auf diese Orte findet man meistens in der folkloristischen Überlieferung der ländlichen Ortschaften.

Vielerorts wurden dort zum Beispiel die Maifeiern abgehalten oder an bestimmten Tagen Feuer entzündet, wie etwa in der Schweiz die Augustfeuer. Manchmal sind diese Festplätze identisch mit den alten Almenden, wo früher der Hanf für die Gemeinde gepflanzt wurde und zwischen dessen Stauden sich im Herbst die jungen Erwachsenen bei fröhlichem Treiben vergnügten – wie der Historiker Kurt Lussy nachweist. Alte Festplätze eignen sich als Standorte für Feiern, aber auch als Plätze, wo man die einfache, ursprüngliche Lebensfreude nachempfinden kann, die vielen modernen Menschen etwas abhanden gekommen ist.

In den vergangenen Jahren haben verschiedene Kraftortforscher die Erfahrung gemacht, dass manche der von jeher als Naherholungsgebiete geschätzten Orte durch hohe Schwingungsqualitäten auffallen und eindrückliche Orte der Kraft, mitunter auch Kultplätze sind. Es sei daran erinnert, dass kraftvolle Orte die Menschen förmlich anziehen, auch wenn sich die meisten dessen nicht bewusst sind. Es lohnt sich deshalb, traditionelle Ausflugsziele näher zu betrachten.

Hexentanzplätze, wie etwa bei der Wildenburg in Idar Oberstein, sind meistens etwas abgelegene Orte, wo teilweise bis in die Neuzeit magische Feiern stattfanden. Früher gab es Hexenbünde, die in speziellen Nächten in der freien Natur zusammenkamen und sich rituell mit der Wildnis verbanden. Das bedeutet nicht, dass ausschliesslich Frauen an den Hexentanzplätzen feierten. Seit Jahrtausenden dienten sie als Ritualorte, wo die Dorfgemeinschaften die acht heiligen Tage im Jahreslauf der Sonne feierten. Sie sind noch heute magische Plätze, wo die Membran zwischen unserer Welt und der Anderswelt in gewissen Nächten durchlässiger ist als anderswo.

Sagen

Die Einordnung der Volkserzählungen in die Gattungen Sage, Märchen und Legenden geht auf die Germanisten des 19. Jahrhunderts zurück. Die meisten Sagen wurden ab dem 16. Jahrhundert aufgeschrieben, weshalb in Sagenbüchern meistens Geschichten aller drei Gattungen vertreten sind.

Sagen erzählen von mystischen Ereignissen, die als wahr gelten, auch wenn sie unglaublich klingen. Gewiss ist die Wirklichkeit der Sage eine andere als unsere Konsensrealität, aber sie ist nicht weniger wirklich. Sie entzieht sich allerdings dem rationalen Denken. Mystik mit wissenschaftlichen Methoden verstehen zu wollen ist, als ob man nachts den Wald mit Scheinwerfern ausleuchtet, um die nachtaktiven Tiere zu beobachten. Selbstverständlich wird keines auftauchen, solange die Lichter eingeschaltet sind, und man wird sagen, es gäbe nachts gar keine Tiere dort. Setzt man sich aber in der Dunkelheit ruhig hin, dauert es nicht lange und die ersten zeigen sich. Die Welt der Sage gehört wie die Traumwelt zur Nachtseite des Lebens und entzieht sich dem Wachbewusstsein.

Im Rahmen dieses Buches interessieren uns besonders jene Sagen, die mit einem Ort oder einer Landschaft verbunden sind. Mystische Ereignisse finden meistens an mystischen Orten statt. Ähnliche Geschichten tauchen in ganz Europa auf, was die Sagenforscher darauf zurückführten, dass sie von durchreisenden Fremden ins Land kamen. Dies würde ein ursprüngliches Land voraussetzen, wo alle Sagen entstanden sind. Heute geht man jedoch davon aus, dass sie ihren Ursprung in der menschlichen Psyche haben. Sagen und Sagengestalten sind offenbar Urbilder, die unter bestimmten Umständen auftauchen und sich im Bewusstsein manifestieren. Obwohl die europäischen Sagengestalten mit Motiven der keltischen und germanischen Mythologie übereinstimmen, muss das nicht heissen, dass seither niemand mehr Zwergen oder Feen begegnet ist; vorausgesetzt Zeit, Ort und Umstände sind dafür günstig. Es erstaunt auch nicht, dass Orte, um die sich Sagen ranken, oft aussergewöhnliche Schwingungsfelder aufweisen. Oft sind nur noch Bruchstücke der einstigen Geschichten vorhanden, aber auch dann sind sie zuverlässige Hinweise auf Orte der Kraft oder Kultplätze.

Orts- und Flurnamen, Landkarten

Flurnamen wandeln sich im Lauf der Geschichte, werden in andere Sprachen übersetzt oder mit neuen Namen versehen. Wie es scheint, sind Namen wichtiger Orte eher erhalten geblieben, wenn auch oft verändert. Trotzdem wird man bei näherem Hinsehen fast überall fündig. Ideale Quellen sind historische Karten und andere Dokumente von Gemeinden und Kommunen, aber auch moderne Karten.

Paradoxerweise sind Orte mit negativ besetzten Namen, wie etwa Teufelsstein, stets sehr kraftvoll. Der Grund dafür liegt in der «Umdrehung», mittels derer jene verteufelt wurden, die trotz Ächtung immer noch alte Kultplätze besuchten. Die Dämonisierung der Wildnis, der unveränderten Natur, geschah parallel zur Unterdrückung der Frauen. Vor allem naturkundige Frauen wurden periodisch verfolgt, die sogenannten Hexenverfolgungen bildeten lediglich einen grausigen Höhepunkt dieses gottlosen Treibens. Verteufelungen beruhen auf einem Misstrauen gegenüber der Natur, das nur damit erklärt werden kann, dass das schöpfende Göttliche als grundsätzlich getrennt von der Schöpfung betrachtet wurde. Wenn überhaupt, dann steckt der Teufel hinter dieser unseligen Trennung, unter der die scheinbar aufgeklärte Gesellschaft noch immer leidet.

Hinweise auf alte Kultplätze liefern auch die in Flur- und Ortsnamen vorkommenden Silben: Lieb, wie in Hohliebe; Heid/Heit, wie in Heitenried; Alt/Old/Olt, wie in Oltingen oder Alter Ort; Wind/Wint/Vent/Vind, wie in Vindonissa (vermutlich Stätten der Wenden oder Veneter); Gros/Gross, wie in Grossholz (wurzelverwandt mit *Gross*mutter); Ros/Ross, wie in Rossberg (vermutlich alte Grab- und Opferstätten).

Landkarten vermitteln eine abstrakte Vogelperspektive der Landschaft, die viele wertvolle Hinweise auf mögliche Orte der Kraft liefert. Es empfiehlt sich, mit Karten im Massstab 1:25 000 zu arbeiten, denn auf diesen ist die Topografie klar erkennbar, und meistens sind auch Höhlen, Kultplätze, Quellen und erratische Blöcke eingetragen.

Wissende Mitmenschen und besondere Ereignisse

Ältere Menschen wissen manchmal noch von Quellen, die früher als heilkräftig galten, oder erinnern sich an Plätze, wo man sich besonders wohl fühlt. Hilfreiche Informationen erhält man auch von Naturliebenden, die vor allem Orte kennen, die besonders idyllisch sind; oft wissen sie zum Beispiel, wo alte Bäume stehen. Auf andere Menschen zugehen und sich mit ihnen austauschen ist ein wichtiger Aspekt der «Kraftortsuche». Dies setzt etwas Einfühlungsvermögen voraus und vor allem echten Respekt vor den Menschen, die oft seit Generationen in der Gegend wohnen und diese kennen wie kaum jemand.

Ich fand zahlreiche Hinweise auf Orte der Kraft durch Gespenster- oder Geistergeschichten oder verwunschene Plätze. Bei näherem Hinsehen stellte sich oftmals heraus, dass Berichte von Gespenstererscheinungen auf älteren Geschichten beruhen, die noch von Naturgeistern handelten. Offenbar ging zu Beginn der Neuzeit der Glaube an Feen oder Nymphen in den auch heute noch weit verbreiteten Gespensterglaube über. Nun weisen nicht alle Berichte über Totengeister und ähnliche Phänomene auf Elementarwesen oder Naturgeister, aber bei näherem Hinsehen stellen sich viele der verwunschenen Orte als sehr kraftvoll heraus.

Der telepathisch-intuitive Zugang

Die Erfahrung zeigt, dass Orte der Kraft feinfühlige Menschen anziehen. Es empfiehlt sich, die Umgebung aufmerksam zu betrachten. Wie erwähnt, lässt sich aus dem Äusseren der Natur auf ihre energetischen Felder schliessen. Ich habe immer wieder beobachtet, wie zum Beispiel Kinder zielstrebig kraftvolle Orte ansteuern und wenn gefragt, weshalb sie gerade diesen Ort wählten, antworteten: Weil es hier schön ist. Schöne Orte sind kraftvoll. Allerdings ist dies nicht auf die Ästhetik im engeren Sinn des Wortes zu reduzieren. Entscheidend ist vielmehr eine positive Empfindung, ein Gefühl von Schönheit. Es geht nicht einzig um Bioenergie, sondern um das Gemüt.

Jeder Mensch kennt Erfahrungen, die nicht anders zu erklären sind, als dass dahinter Vorgänge wirken, die heute als Intuition und Telepathie bezeichnet werden. Allerdings werden diese subtilen Schwingungen häufig vom Alltagserleben überlagert und deshalb kaum oder gar nicht wahrgenommen. Anders verhält es sich in der freien Natur, besonders wenn man schon einige Zeit unterwegs und sich selbst näher gekommen ist. Dann kann sich die erlebte Erkenntnis einstellen, dass jenseits der isolierten Ich-Persönlichkeit alle Lebensformen miteinander verbunden sind und in einer organischen Demokratie die Welt mitgestalten. Die intelligenten Menschen des Altertums erlebten offenbar die Welt als ein lebendiges Gewebe. Einer der Namen dafür war *Wyrd,* heute etwa als Schicksal übersetzt, was ein unablässig Werdendes darstellt. Das mystische Weltbild, nach dem alles mit allem verbunden ist, wird durch neueste Erkenntnisse der Naturwissenschaften bestätigt, die ebenfalls von einem vieldimensionalen, vernetzten System ausgehen.

Es scheint, dass die Körperzellen die stoffliche Grundlage des menschlichen Bewusstseins bilden. Entsprechend basiert das kollektive Bewusstsein aller Lebewesen – das wirkende und werdende *Wyrd* – auf der Summe aller Lebenszellen, die unabhängig davon, wie weit sie voneinander entfernt sind, ohne Zeitverlust miteinander kommunizieren können. Es besteht kein Zweifel, dass diese zellulare Intelligenz dem rationalen Verstand weitaus überlegen ist.

Telepathie

Eines haben diese Denkmodelle gemeinsam: Sie gehen davon aus, dass alle Lebensformen unmittelbar miteinander verbunden sind und auf vielschichtige Weise Informationen austauschen.

Demnach ist das Lebensgewebe grundsätzlich ein Kommunikationsvorgang, ein unvorstellbar leistungsfähiges, aus unzähligen Zellen gebildetes Bewusstsein, das ständig eine unermessliche Menge an Informationen aufnimmt, verarbeitet und weiterleitet. Es scheint natürlich, dass wir Menschen als Teil des Lebensgewebes diesen Fluss der Informationen, wenn auch sehr subtil, wahrnehmen und an ihm teilhaben. Diejenigen, welche diese Fähigkeit stark entwickelt haben, werden in ihrer Kultur als Seherinnen, Druidinnen oder Schamanen bezeichnet. Im Grunde hat jeder Mensch die natürliche Begabung, am kosmischen Informationsfluss teilzunehmen, wie dies etwa bei Übertragungen von Informationen zwischen Menschen ohne sicht- oder messbare physikalische Wechselwirkung geschieht, also mittels Telepathie.

Der Begriff setzt sich zusammen aus altgriechisch *tele,* «fern», und *phatos,* was als «Empfinden» übersetzt werden kann. Telepathie wird auch Gedankenübertragung genannt. Allerdings liegt die Betonung zu sehr auf Sprache. Im ursprünglichen Sinne umschreibt der Begriff nur eine Ebene der Telepathie, denn Gedanken sind lautlose Worte, und neben der Sprache gibt es weitere Formen der Kommunikation. Deshalb kommt der früher verwendete Begriff Fernfühlen oder die in Wörterbüchern gegebene Umschreibung «Teilnehmen am Seelenleben eines anderen» der Sache näher. Nun muss dieses Andere nicht unbedingt ein Mensch sein, denn nach den magischen Traditionen aller Völker können wir uns mit allen Geschöpfen telepathisch austauschen.

Diese ganzheitliche Telepathie ist ein zentraler Aspekt der Naturmythologie, der erklärt, wie es möglich ist, dass Menschen mit Steinen, Pflanzen, Tieren, Naturgeistern oder Gottheiten kommunizieren können. Diese Vorstellung findet sich in allen Mythen und Sagen, aber auch im heutigen Alltag ist sie uns nicht fremd, sprechen doch offenbar zahlreiche Menschen mit Pflanzen. Eine Heilerin pflegt auf der Suche nach einem Mittel über die Hügel ihrer Heimat zu streifen, bis sie von einer Pflanze «angesprochen» wird, und macht mit dieser Methode beste Erfahrungen. Dabei hält sie sich ganz an die Überlieferung, wonach die Pflanzen jenen, die dafür offen sind, übermitteln, wozu und wie sie angewendet werden sollen. Ebenso verbreitet ist das Sprechen mit Kulturpflanzen oder das stille Zwiegespräch mit besonderen Bäumen, deren Weisheit seit Menschengedenken geschätzt wird.

Telepathische Kommunikation mit Tieren galt bis vor einigen Jahren als Anzeichen von Wahnvorstellungen oder Aberglaube, aber seit den Arbeiten des Biologen Rupert Sheldrake oder den monatlich zahlreicher werdenden Geschichten über die Erfolge von «Tierflüsterern» besuchen zunehmend Tierhalter und selbst Veterinärinnen Seminare zu diesem Thema. Hinweise auf die geistige Beziehung zwischen Menschen und Tieren finden sich bereits früh in der Geschichte. Dies belegen etwa die rituellen Bestattungen von Bären in der Drachenlochhöhle, gelten sie doch als Zeugnisse der engen kultischen Bindung zwischen den beiden Arten. Wir lebten bis zum Beginn der Industrialisierung nahe mit unseren tierischen Verwandten zusammen und pflegten eine enge Beziehung zu ihnen. Es ist deshalb nicht erstaunlich, dass in vielen Fällen noch immer spontane telepathische Kommunikation mit ihnen stattfindet. Dabei zeigen Tiere oft verblüffende Fähigkeiten. Vor allem Wildtiere scheinen bisweilen zu wissen, wonach wir suchen, und geben mit ihrem Verhalten wichtige Hinweise.

Vor einigen Jahren suchte ein Forscher in den Alpen nach einer in Sagen erwähnten Höhle, von der selbst die Einheimischen nichts wussten. Dem Instinkt folgend zog er trotzdem los und stieg einen steilen Bergwald hoch. Als er nach etwas über einer Stunde aus dem Wald trat, sah er dreissig Meter vor sich einen stattlichen Gemsbock. Anstatt zu flüchten, wie es bei diesen Tieren üblich ist, blieb er ruhig stehen und schaute aufmerksam zum Menschen hinüber. Dieser blieb ebenfalls stehen, und weil der Bock sich nicht rührte, setzte er sich und nutzte die Gelegenheit, um einen Happen zu essen. Da liess sich auch das Tier nieder und begann ebenfalls zu äsen. Nachdem sich die beiden verpflegt und beäugt hatten, stand der Forscher auf, um seine Suche fortzusetzen. Auch die Gemse erhob sich und schritt gelassen und ohne sich umzublicken in Richtung eines

Bachgrabens. In diesem Moment spürte der Mann, dass das ungewöhnliche Verhalten des Bocks mit der gesuchten Höhle zu tun hatte, und beschloss, ihm zu folgen. Im Graben angekommen, sah er das Tier zwar nicht mehr, folgte aber weiterhin der eingeschlagenen Richtung und stiess nach einigen hundert Metern auf eine Felswand, an deren Fuss dichtes Gebüsch wuchs. Voller Vertrauen auf seinen «Führer» bog er die Zweige auseinander und fand bald die gesuchte Höhle.

Mein Onkel Fritz durchstreifte als Strahler die Berge abseits aller Wege auf der Suche nach Mineralienlagerstätten. Nicht selten fand er welche, weil er von einem Tier auf die eine oder andere Weise auf den Fundort aufmerksam gemacht worden war. Einmal im Spätherbst hatte er sich im Regen und Nebel verirrt und befand sich in ernsthafter Gefahr. Vor Kälte zitternd, suchte er nach einem Anhaltspunkt und erblickte nach einer Weile vor seinen Füssen eine Schnecke über eine Felsplatte kriechen. Er «verstand», dass sie ihm den Weg zeigen wollte, und ging vorsichtig in die von ihr eingeschlagene Richtung. Alle paar Minuten stiess er wieder auf eine ihrer Artgenossinnen, die ihm wie Wegweiser dienten, bis er auf einen ihm bekannten Pfad zurückfand. Er war bis zu seinem Tod überzeugt, das «der liebe Gott ihm die Tierchen geschickt hatte», ohne die er im unwegsamen, rutschigen Gelände wahrscheinlich zu Tode gestürzt wäre.

Telepathische Übertragungen geschehen auch bei den Ahnensteinen und anderen Kultplätzen, wo die Menschen im Altertum Kontakt mit der universellen Weisheit aufnahmen – und mit der auch heute noch Verbindungen möglich sind. Nun sprechen Steine nicht mit donnernden Stimmen wie in Märchenfilmen. Nach dem Modell der «flüsternden Zellen» beeinflussen ihre Schwingungsfelder offenbar die Zellen auf eine Weise, dass das in der DNS gespeicherte genetische Gedächtnis der Ahnen zugänglich wird und sozusagen Ahnungen durch den Geist ziehen. Telepathie scheint nicht nur über räumliche, sondern auch über zeitliche Distanz, jenseits von Raum und Zeit zu funktionieren. Wie in jedem Fall von telepathischer Übertragung beruht dies darauf, dass die miteinander kommunizierenden Wesenheiten nicht wirklich getrennt sind, sondern Teil des einen Kollektivbewusstseins, vergleichbar mit den Zellen unseres Organismus.

Intuition

Neben der Telepathie stellt die Intuition einen wichtigen Aspekt der Naturmythologie dar. Sie kann ohnehin nicht scharf von telepathischen Vorgängen getrennt werden. So entscheidet man sich oft rein intuitiv dafür, auf eine telepathische Übertragung einzugehen. Intuition oder die Fähigkeit, eine Entscheidung zu treffen oder zu Einsichten zu gelangen, ohne die zugrunde liegenden Zusammenhänge zu verstehen, ist im Umgang mit der Natur

eines der wichtigsten Werkzeuge. Sie führt uns auf die richtigen Pfade oder lässt uns vom Weg abweichen und führt uns genau zu dem Ort, der in dem Moment gerade der passende ist. Oft wird auch die Wahl des Tages oder des Zeitpunkts für den Besuch eines besonderen Ortes rein intuitiv getroffen.

Wie die Telepathie lässt sich auch die Intuition mit dem Wirken des *Wyrd* erklären, über welches wir unabhängig von Zeit und Raum Zugang zu jenen Informationen haben, die uns unbewusst die angebrachten Dinge tun lassen. Philosophen und Mystiker haben von jeher das Unbewusste mit der Natur gleichgesetzt, denn beides wirkt ausserhalb der Kontrolle unseres Wachbewusstseins. Das Bestreben, diese Kontrolle für eine Weile loszulassen und den inneren Regungen zu folgen, ist deshalb bei der Annäherung an die mystische Dimension der Natur eine Grundvoraussetzung. Gelingt es, tut man im Einklang mit dem übergeordneten Superorganismus immer genau das Richtige.

In solchen Situationen liegt intuitives Handeln nahe dem Konzept des «Handelns ohne zu handeln», das im Taoismus und in bestimmten Richtungen des Buddhismus eine zentrale Rolle innehat. Losgelöst von der Herrschaft des rationalen Verstandes folgt das Bewusstsein den subtilen Impulsen, die aus der Tiefe des Seins aufsteigen, und man verhält sich ohne nachzudenken als Teil des kosmischen Lebensvorgangs. Es ist nicht einfach, vom Denken und bewussten Handeln zu lassen, aber unzählige Menschen haben die Erfahrung gemacht, dass dies an kraftvollen Orten in der freien Natur etwas leichter ist. Dort lässt sich all das deutlicher wahrnehmen, was jenseits des sprachlich-symbolischen Verstandes liegt. Der Weg in die Natur führt deshalb immer auch zurück zu einer erweiterten Wahrnehmung seiner selbst, in der die Welt weniger als Ansammlung voneinander getrennter Einzelwesen erlebt wird, sondern als Einheit, in der alle zum gemeinsamen Wohl zusammenwirken.

Naturgeister als Führer

Das Modell der Telepathie kann ebenso auf die Kommunikation zwischen Menschen und Elementarwesen übertragen werden; denn auch hier handelt es sich um einen Austausch von Informationen ohne messbare physikalische Wechselwirkung. Diese machen sich vorzugsweise mittels Eingebungen, Gefühlen bemerkbar oder mischen sich in den inneren Dialog der Gedanken. Naturgeister sind visuelle Erscheinungen; möglicherweise beruhen sie darauf, dass mittels Telepathie ein Bild der feinstofflichen Gestalt des Naturwesens ins Bewusstsein des Menschen übertragen wird. Unabhängig von der Art der Informationen sind solche Erfahrungen stets von der Gewissheit begleitet, mit einem anderen Wesen verbunden zu sein.

Orte der Kraft im Alltag

Wir haben bereits darauf hingewiesen, wie wichtig kraftvolle Orte in der unmittelbaren Umgebung sind. Fachleute empfehlen, mindestens eine Stunde pro Tag an einem Ort in der freien Natur zu verbringen. Was könnte dafür besser geeignet sein als ein Platz, der für Sie krafterfüllt ist? Aber auch das Haus oder die Wohnung sollte ein Ort der Kraft sein. Die in Europa am häufigsten angewendeten Aspekte des chinesischen Feng Shui handeln vor allem von diesem Bereich. Selbstverständlich beschäftigt sich auch die europäische Geomantie seit je mit Standorten von Gebäuden und Innenräumen. Wie jeder weiss, wurden alte Städte, Kirchen und Burgen gemäss ihren Prinzipien gebaut. In vielen Fällen trifft dies auch für bürgerliche Wohngebäude oder Bauernhäuser zu.

Die Einteilung der Innenräume und deren Nutzung wurden in Europa vor allem durch die Himmelsrichtungen respektive den Lauf der Sonne vorgegeben. So sind zum Beispiel die grossen Fensterfronten in der Regel nach Süden gerichtet. Ebenso spielte die Topografie eine wichtige Rolle, wurden doch Hügel und grosse Bodenwellen geschickt als Windschutz genutzt. Grundsätzlich entspricht die geomantische Einteilung der Räume der Ausrichtung nach der Sonnenbahn. So wird etwa empfohlen, beim Arbeiten mit dem Rücken gegen Norden oder Osten zu sitzen oder im Bett das Kopfende nicht im Westen oder Süden zu platzieren.

Doch wichtiger als solche Überlegungen (die sich ohnehin meistens an bauliche Gegebenheiten anpassen müssen) ist, dass die Wohnung von der Ausstattung her eher ein sakraler Bereich sein sollte als etwa ein nüchterner Arbeitsraum oder gar ein Büro. Professor Leary, einer der ausgewiesensten Kenner der Wechselwirkung zwischen äusseren und inneren Räumen, empfahl, die Wohnung zum heiligen Schrein zu gestalten. Dabei stützte er sich auf Volkstraditionen, die man noch heute im keltogermanischen Raum zumindest ansatzweise findet. Zu dieser Gestaltung gehört zum Beispiel das Schmücken der Räume mit frischen Zweigen und Blumen, die selbstverständlich aus der Umgebung stammen und deshalb der Jahreszeit entsprechen. Als Zentrum des sakralen Wohnraums eignet sich ein Platz, wo die vier Elemente zum Beispiel durch Kerze, Stein, Feder (Räucherschale) oder Wasser vertreten sind. Grundsätzlich bestimmt die eigene Haltung, ob der Wohnraum dem reinen Nutzungszweck dient oder ob er «mit Himmel und Erde verbunden» ein Heim im eigentlichen Sinn des Wortes ist.

Wege zu sich selbst

Wirkung und Einfluss

Was ist unter der Kraft eines Ortes zu verstehen? Diese Frage kann kaum endgültig beantwortet werden, denn sie reicht über die Grenzen des Fassbaren hinaus in eine Dimension, die letztlich als mystisch bezeichnet werden kann. Ein weit verbreitetes Missverständnis ist, dass es sich allein um eine irgendwie messbare Energie handelt, die vergleichbar mit Elektrizität oder Erdöl genutzt werden kann, um die Maschine Mensch effizienter anzutreiben. Zweifellos sind die erwähnten bioenergetischen Felder Teil dieser Kraft. Die Bioenergie ist jedoch eher als Signatur einer feineren, nichtphysischen Lebenskraft zu verstehen.

Bioresonanz

Das Modell der Bioresonanz bietet eine Erklärung dafür, wie sich Schwingungen der Natur auf den Menschen übertragen. Wir kennen die Resonanz vor allem aus dem Bereich der Akustik, wenn sich ein Ton von einem Klangkörper auf einen anderen überträgt, ohne dass die beiden physischen Kontakt haben.

Resonanz ist nicht nur ein akustisches Phänomen, denn nach diesem Prinzip wird alles zu Schwingungen (die letztlich unhörbare Klänge sind). Die Forschung in diesem Bereich hat sich zu einem weiteren Fachgebiet entwickelt. Heute ist der Begriff der Bioresonanz, also der Übertragung natürlicher Schwingungsfrequenzen, vor allem in der Naturheilkunde, der ganzheitlichen Ernährung und der Wasserbelebung etabliert. Das Modell stimmt mit den Erkenntnissen der Physik überein, wonach die Welt aus schwingenden Feldern besteht, die mittels Resonanz kommunizieren.

Die Anwendung der Bioresonanz beruht auf der Beobachtung, dass die Schwingungen der Natur und ihrer Stoffe auf Organe oder Organismen übergehen; geschwächte oder gestörte Eigenschwingungen werden wieder «eingestimmt», also auf natürlichen Frequenzen zum Schwingen gebracht.

Dieses Phänomen zeigt sich eindrücklich im Zusammenhang mit Wasser und kann mit bildgebenden Methoden demonstriert werden. Wenn die energetische Struktur von gestörtem Wasser durch Klang, Gedanken oder Bilder wieder hergestellt werden kann, ist anzunehmen, dass dies auch über die Flüssigkeiten im menschlichen Organismus geschieht, der zu über siebzig Prozent aus Wasser besteht. Die Körperflüssigkeiten bilden ein fein verästeltes System, das wie ein Kommunikationsnetzwerk Schwingungen aufnimmt, speichert und weitergibt und bis ins Innerste der Zellen reicht. Dieser Informationsaustausch ist möglicherweise ebenso wichtig wie die Kommunikation über das Nervensystem, das ebenfalls zu einem Grossteil aus Wasser besteht. Das innere Wassernetzwerk ist überdies mit einem Sender/Empfänger vergleichbar, über den mittels Bioresonanz feinstoffliche Informationen zwischen dem Organismus und der Umgebung ausgetauscht werden. Der Austausch solcher Frequenzen hat zweifellos auf die sensiblen chemischen, elektrischen und feinstofflichen Vorgänge im Gehirn einen starken Einfluss. Unser Bewusstsein beruht offenbar grösstenteils auf der energetischen Leitfähigkeit des ausgesprochen wässrigen Gehirns. Ähnlich wie Wasser funktioniert auch das menschliche Bewusstsein, indem es Information aufnimmt, verarbeitet (speichert) und weitergibt.

Ethik und die Kraft der Natur

Wer glaubt, er könne wider die Natur leben, sie missachten, missbrauchen und dann rasch zu einem Kraftort fahren, sich «aufladen», um sein entfremdetes Leben erfolgreich fortzusetzen, irrt. Nach Paracelsus sind die Elementargeister jenen Menschen wohlgesonnen, die sie und die Natur achten. Wer sie missachte, sei es aus Unwissen oder Gier, den vereiteln sie auch. Die Erfahrung zeigt, dass solche Personen durch Besuche von Orten der Kraft höchstens noch mehr verwirrt werden. Es kann nicht darum gehen, zu einem Ort zu fahren, um rasch dessen Kraft anzuzapfen wie bei einer Tankstelle. Wer dies versucht, wird stets nur die Oberfläche berühren und nie in die Tiefe gelangen. Die richtige Motivation kann nur sein, wieder eine lebendige Beziehung zur Mutter Erde zu finden, sie zu spüren und zu hören, was unweigerlich zum Erwachen des tiefen Bedürfnisses führt, sie zu schützen und zu erhalten.

Die amerikanische Forscherin Dolores Lachapelle bezeichnete deshalb ihren Ansatz zur Geomantie als Tiefenökologie, als eine Ökologie, die sich aus dem Inneren heraus entwickelt und sich nicht auf rein politische Aktivitäten und damit Symptombekämpfung beschränkt. Wer mit sich und seiner Mitwelt keine lebendige Beziehung unterhält, wird trotz besten Absichten immer wieder irren.

Während der vergangenen Jahrzehnte konnte ich an mir und vielen anderen beobachten, dass die Wege zu den Orten der Kraft immer auch zurück zur Natur führen: in die Natur des eigenen Wesens wie in das Wesen der umgebenden Natur. Je länger man Schritt für Schritt auf diesen Wegen wandelt, desto mehr verwischt die Trennung zwischen innerer und äusserer Natur, begleitet von der faszinierenden Erfahrung, dass sich das eigene Wesen allmählich zurück in sich selbst verwandelt.

Die Kraft zur Natur fliesst über die persönliche Beziehung, die man zu ihr hat. Wie in allen Beziehungen gilt auch hier der Grundsatz, dass Geben seliger macht als Nehmen. Auch wenn dies in unserer von Zynismus geprägten Welt sentimental klingen mag, beruht die Beziehung zur Erde auf ehrlich empfundener Liebe und Dankbarkeit. Dass diese Haltung heute oft als naiv oder schwärmerisch gilt, ist an sich bezeichnend für den kollektiven Bewusstseinszustand der Gesellschaft. Die Erde und damit die Natur gibt uns alles, was wir zum Leben wirklich brauchen: Nahrung, Behausung, Kleidung, Heilmittel, sie verwöhnt uns mit ihrer Schönheit und schenkt uns echtes Wohlbefinden. Unter günstigen Umständen unterstützt sie existenzielle spirituelle Erfahrungen und führt manchmal sogar zur *Unio mystica,* zum unmittelbaren Erlebnis, mit dem Göttlichen und der Welt eins zu sein. Ist es nicht selbstverständlich, dass wir der wie eine Mutter für uns sorgenden Erde gegenüber Liebe und Dankbarkeit empfinden?

Wahrnehmung und Wirklichkeit

Wie wirklich ist die Wirklichkeit? Was vor wenigen Jahrzehnten noch nach Dadaismus klang, ist heute eine Frage, die sich jeder vernünftige, durchschnittlich intelligente Mensch ab und zu stellt. Und sie ist mehr denn angebracht, zumal die Anhänger der alten newtonschen Weltordnung (die Welt besteht aus festen Körpern) nach wie vor versuchen, jede andere Ansicht zu diffamieren. Doch die westliche Gesellschaft beginnt sich aus der Diktatur des rationalen Verstandes und des damit verbundenen Materialismus zu lösen. Die wissenschaftliche Grundlage dazu lieferte unter anderem die moderne Physik und die in den sechziger Jahren initiierte Bewusstseinsforschung, die gängige Vorstellungen von einer Wahrheit und Wirklichkeit als Illusion entlarvte. Heute wissen wir, es gibt viele Wege zur Wahrheit und viele Dimensionen der Wirklichkeit. Und alles ist eine Frage der Wahrnehmung.

Wahrnehmung ist ein vielschichtiger und komplexer Vorgang, und sie führt weit über die Sinneswahrnehmung und den Verstand hinaus. Wenn ein Mensch die Umwelt wahrnimmt, nimmt er gleichzeitig sich selbst wahr. Es ist unmöglich, das eine vom anderen klar zu trennen, denn er nimmt die Umwelt in sein Wesen auf und projiziert dieses in die Umwelt. Jeder Mensch weiss aus eigener Erfahrung, wie sehr sich die Wahrnehmung verändern kann (zum Beispiel unter dem Einfluss von Stress oder Drogen, wie etwa Alkohol). Wahrnehmung ist im eigentlichen Sinn des Wortes ein Mysterium. Obwohl jeder Mensch die Welt auf individuelle Weise wahrnimmt, zeichnen sich dahinter kollektive Muster oder Archetypen ab, die offenbar unabhängig von Zeit und Raum existieren. Allerdings ist heute das Weltbild der Menschen in den industrialisierten Ländern zu einem grossen Teil von der Wirtschaft, Wissenschaft und Religion geprägt, deren Vordenker definieren, was wirklich ist und was als Aberglaube abgetan wird. Die Geschichte lehrt, dass Wirklichkeit nicht absolut gesetzt werden kann – deren Definition ändert sich mit dem sich ständig wandelnden Weltbild.

Eine achtsame Beziehung zur Natur erweitert die alltägliche Wahrnehmung, verändert das Bewusstsein und lässt die Dinge zunehmend bedeutungsvoller erscheinen. Nach einer Weile stellt sich die Erfahrung ein, nicht mehr aussenstehender Beobachter der Natur zu sein, sondern ein vielfältig ver- und eingebundener Teilnehmer. Die Natur lehrt uns, zutiefst der eigenen Wahrnehmung zu vertrauen. Dies bedeutet nicht, die Meinung anderer zu ignorieren. Vielmehr geht es um die Akzeptanz fremder Sichtweisen, um die Einsicht, dass Wahrnehmung subjektiv ist.

Um an der unerschöpflichen Kraft der Natur teilzuhaben, ist die direkte, persönliche Wahrnehmung entscheidend und nicht angelesenes Wissen. Die meisten Menschen, die in einer wirklichen Beziehung zur Natur leben, haben kaum je ein Buch darüber gelesen. Wie sagte doch der legendäre Druide Taliesin: «Ich achte die Bücher, aber noch mehr achte ich das, was sie nicht sagen.» Die eigene Wahrnehmung kann nur erforscht und entwickelt werden, wenn man sich ihr aussetzt, und das heisst im Zusammenhang mit unserem Thema: Möglichst täglich in die Natur gehen, in ihr herumstreifen und sich von ihr zum Verweilen verführen lassen. Stubenhocker und Bücherwürmer mögen zwar alles wissen, was je über die Kraft der Erde geschrieben wurde, aber sie haben vermutlich noch nie gespürt, was sie uns alles zu geben hat.

Die Wahrnehmung der Erde und ihrer Kraftfelder führt nicht an der Sinneswahrnehmung vorbei oder gar von ihr weg, sondern durch sie hindurch. Materielle Eigenschaften eines Ortes erzeugen bereits einen starken Eindruck im Gemüt, was den Organismus für die Aufnahme der energetischen Schwingungen öffnet, die ihn dann durchfluten und bis in die Zellen dringen. Damit sind die besten Voraussetzungen gegeben, um die ausgelösten subtilen spirituellen Regungen wahrzunehmen. Allerdings gibt es in dieser Dimension keine Trennung mehr von innen und aussen. Atemraubende Aussichten auf die Landschaft oder faszinierende Ansichten filigraner Details eines Baumstamms vermischen sich mit spontanen Erkenntnissen, starken Gefühlen und der Erfahrung, unmittelbar mit der Schöpfung, ja dem schöpfenden Bewusstsein verbunden zu sein.

Übungen zur Wahrnehmung von Kraftfeldern

Anfänger können das Feingefühl zum Erspüren von Kraftfeldern leichter entwickeln, wenn sie versuchen, den Kontrast von gestörten und naturbelassenen Orten wahrzunehmen. Gestörte Orte finden sich überall in städtischen und industriellen Gebieten. In der Regel sind unweit davon Orte mit neutralen oder sogar positiven Feldern, wie sie etwa in Parks, bei alten Bäumen, in Wäldchen oder naturnahen Uferzonen zu finden sind.

Blanche Merz empfiehlt für erste Versuche, einen sakralen Ort zu besuchen, sei es eine Wallfahrtskapelle oder eine Kathedrale, und sich ins Zentrum des Chors oder genau unter die Kuppel zu stellen, die Augen zu schliessen, sich vom Denken zu lösen und für das Einfliessen der Energie zu öffnen.

Es gibt keine allgemein gültige Methode, um die Kraftfelder der Erde zu spüren. Jedoch zeigt die Erfahrung, dass die Hände, insbesondere die Fingerspitzen, ideale Antennen für Schwingungsfelder sind. Als Leiter von Kursen und Exkursionen begegne ich oft Menschen, die «nichts spüren», obwohl sie sich seit Jahren danach sehnen. In solchen Fällen zeigt sich, dass insbesondere alte Bäume ausgezeichnete Lehrerinnen sind. Wenn man sich entspannt vor eine solche «Grossmutter» hinstellt und die Hände (Handgelenke nicht knicken, um den Energiefluss nicht zu hemmen) aus einer Distanz von zirka dreissig Zentimeter langsam Richtung Stamm bewegt, fühlt man mit zunehmender Nähe das sich verdichtende Energiefeld zwischen Händen und Baum. Ab etwa fünf Zentimeter verspüren nach einigen Versuchen (Hände wieder zurücknehmen und annähern) beinahe alle das bekannte Kribbeln in den Fingerspitzen oder an den Handflächen, das sich ebenso als Wärme oder Energiefluss äussern kann.

Die Kraft der Natur lässt sich auch in anderen Körperteilen spüren, denn der Organismus ist das beste «Messinstrument» zur Wahrnehmung energetischer und feinstofflicher Felder. Beispielsweise reagiert die Mundschleimhaut stark auf intensive Kraftfelder, indem es sich anfühlt, als würden schwache elektrische Ströme fliessen, ähnlich wie beim Zungenkontakt mit einer

Taschenlampenbatterie. Auch hier gilt es anfänglich, die Achtsamkeit durch unablässige Versuche zu entwickeln.

Das Wesen des Ortes

Erste Hinweise bei der Suche nach Kraftorten bieten landschaftliche Merkmale. Beim Ort angekommen, lässt sich dessen Schwingungsqualität nach der Lage, Ausrichtung und elementaren Beschaffenheit bereits «grob» einordnen. Liegt er zum Beispiel auf der Ebene, im Tal, am Abhang? Nach welcher Himmelsrichtung ist er ausgerichtet? Welches der vier Elemente herrscht vor? Ein Ort der Kraft ist immer Teil des energetischen Gewebes der umliegenden Landschaft, weshalb auch deren Beschaffenheit zu beachten ist. Schon allein aus diesem Grund empfiehlt sich, den Weg zu Fuss zurückzulegen. Wandernd nimmt man das Äussere der Landschaft sowie deren energetische Topografie auf.

Nach der ersten Einordnung empfiehlt sich, eine Weile am Ort zu sitzen und ihn offen mit allen Sinnen wahrzunehmen. Dies bedeutet, möglichst auf Sprechen oder Denken zu verzichten, um den Gesamteindruck, aber auch Einzelheiten auf sich wirken zu lassen. Hat man den Ort verinnerlicht, wird die Aufmerksamkeit auf den eigenen Körper, auf die Gefühle und die Gedanken gerichtet.

Wirkt er beruhigend, so dass man einfach da sein und die Zeit vergessen kann, oder fühlt man sich angeregt? Manchmal spürt man bestimmte Körperteile besonders, wie etwa Unterleib (Körper), Brustbereich (Seele) oder Kopf (Geist). Marko

Pogačnik lehrt zum Beispiel, die Schwingungsqualität der Orte nach dem System der Chakras oder Energiezentren zu bestimmen, was nach etwas Übung zuverlässig funktioniert.

Ebenso hilfreich wie die Beobachtung körperlicher Reaktionen ist die Achtsamkeit gegenüber Gedanken, Empfindungen und Gefühlen. An kraftvollen Orten verändert sich das Denken. Irgendwie ist man klüger, Zusammenhänge ergeben sich wie von selbst, und aussergewöhnliche Einfälle kommen ganz natürlich auf einen zu. Insbesondere der innere Dialog verändert sich qualitativ, und manchmal scheint es, als würde sich jemand anders einmischen und über bisher unbekannte Dinge und Zusammenhänge sprechen – jemand, der mehr über einen weiss als man selbst.

Typisch für kraftvolle Orte ist die Empfindung einer nicht näher definierbaren Anwesenheit, die möglicherweise Teil des eigenen Wesens ist und in der Geschäftigkeit des Alltags unterdrückt wird. Es empfiehlt sich, dieses subtile Empfinden weder zu verdrängen noch vorschnell mit einer Erklärung zu versehen, sondern ihr gelassen und vorurteilsfrei zu begegnen. Diese Erfahrung könnte Qualitäten des Ortes spiegeln und die Bedeutung, die er für einen hat, entschlüsseln.

Weitere Hinweise auf das Wesen eines Ortes enthalten aufsteigende Gefühle. Häufig sind es Empfindungen, die sonst kaum Raum finden, sich zu zeigen. Unabhängig davon, ob sie als positiv oder negativ erfahren werden, sollten sie angenommen werden. Gerade bei Orten der Kraft lässt sich erleben, dass sich unangenehme Emotionen gut lösen. An einem Seminar gestand ein Mann mittleren Alters, dass er sich an kraftvollen Orten oft niedergeschlagen und verlassen fühle, weshalb er sich Vorwürfe machte. Eine erfahrene Frau gab ihm den Rat, seine Einsamkeit und Trauer zu umarmen und als kostbare Lehrerinnen anzunehmen. Nach einigen Monaten traf ich den Mann wieder. Er hatte den Rat der Frau befolgt und seine Gefühle als Selbstmitleid erkannt. Seitdem kann er auf die Schwingungen der Orte eingehen, ohne von störenden Emotionen abgelenkt zu werden.

Viele machen ähnliche Erfahrungen, denn zuallererst wird man mit den eigenen Emotionen konfrontiert. Diese gilt es differenziert wahrzunehmen. Angst, Unmut, Niedergeschlagenheit, Zorn oder Verlangen sind Äusserungen des Körpers. Gefühle wie Liebe, Zuneigung oder Trauer haben bereits eine seelische oder gar spirituelle Qualität. Die meisten Menschen berichten im Zusammenhang mit Kraftorten von sehr positiven Gefühlen wie Geborgenheit, Verbundenheit mit dem Leben, Liebe, Herzensöffnung. Gefühle sind Teil der Wahrnehmung und erfüllen bei der Übertragung von feinstofflichen Kräften und Informationen eine wichtige Funktion. Allerdings sollte möglichst vermieden werden, Gefühle zu erzeugen oder zu simulieren. Gefühlsduselei ist unnötig und vor allem hinderlich.

Nach bewusster Wahrnehmung der äusseren und inneren Räume fliessen die aus der natürlichen Umgebung und die aus dem Organismus aufgenommenen Eindrücke ineinander über, und man fühlt sich mit sich und dem Ort im Einklang. Gänzlich im Hier und Jetzt angekommen, beginnt die Beziehung zu seiner Kraft und Weisheit frei zu fliessen.

Die Kraft des Rituals

Opfergaben und andere Rituale sind Gesten, welche bei Kraftorten und Kultplätzen den Zugang zur Weisheit der Natur erleichtern. In diesem Zusammenhang muss betont werden, dass von einem Ort der Kraft und damit von der Erde respektive der Natur nichts erwartet werden kann, wenn man sie im alltäglichen Leben als Ware behandelt, die missbraucht, verschmutzt und gar zerstört werden darf.

Ritualen wird die Kraft zugeschrieben, die Vergangenheit mit der Gegenwart zu verbinden. Sheldrake begründet dies mit der morphischen Resonanz und geht davon aus, dass diese nur funktioniert, wenn die traditionellen Formen strikt eingehalten werden. Dem sei beizufügen, dass dies auch möglich ist, wenn das Ritual in einer traditionellen inneren Haltung zelebriert wird, die Resonanz also nicht über die Form, sondern über den Bewusstseinszustand geschieht.

Der Besuch eines Kraftortes ist mit dem Besuch eines Heiligtums gleichzusetzen und beginnt mit dem ersten Schritt der Reise zu ihm. Diese sollte möglichst zu Fuss unternommen werden. Der Weg ist eines der wirksamsten Rituale, wie dies die Pilger auf der ganzen Welt seit Jahrtausenden erfahren. In allen Kulturen, wo heilige Orte traditionell besucht werden, ist es üblich, zuerst etwas zu geben, bevor man sich allenfalls etwas wünscht. Im ursprünglichen Sinn sind unter solchen Opfern Gaben und Gesten des Dankes zu verstehen, gereicht im Bewusstsein, dass das Leben mit all seinen Aspekten ein Geschenk ist. Woraus die Gabe besteht, ist weniger wichtig als die innere Haltung. Am wertvollsten ist echte Hingabe, weniger wirksam sind Gaben im Sinn eines Handels, wo eine entsprechende Gegenleistung erwartet wird.

Manche alteuropäischen Kultplätze konnten nur dank der bei ihnen gefundenen Opfergaben als solche identifiziert werden. Wir wissen heute nur aufgrund der Funde von Kleidernadeln, Schmuck, Waffen, Ton- und Steinbildnissen und anderen Gaben, dass Quellen, Felsblöcke oder Hügelkuppen heilige Orte waren, die man zum Zwecke religiöser Handlungen aufsuchte. Mit ihren Gaben haben die Ahnen uns das kostbare Wissen um die Bedeutung dieser Orte geschenkt.

Gesten des Dankes öffnen das Herz und erleichtern grundsätzlich die Verbindung zum Geist des Ortes und damit dessen Kraft und Weisheit. Im Altertum wurde den Gottheiten der Elemente, der Fluren oder des Himmels geopfert, sei es zum Dank oder um Unheil abzuwenden. In diesem Zusammenhang erinnere ich mich an die Worte einer weisen Frau, der ich an einem heiligen Platz im Himalaja begegnet bin: «Die Gottheiten erfüllen im besten Fall die Wünsche der Menschen, aber nur das namenlose Göttliche kann den Menschen von seinen Wünschen erlösen.»

Mir liegt nichts ferner, als abergläubische Handlungen zu empfehlen, aber die Erfahrung vieler Menschen zeigt, dass einfache Gaben des Dankes manches zu bewegen vermögen. An wen sie auch immer gerichtet sind, Empfänger ist stets das alles umfassende kosmische Bewusstsein, der geheimnisvolle, in Mysterien gekleidete Ursprung der Lebenskraft mit den Tausenden Gesichtern und ebenso vielen Namen, unter denen ES verehrt wird. Rituale bilden einerseits eine universelle Sprache zur Kommunikation zwischen den verschiedenen Dimensionen der Wirklichkeit; andererseits dienen sie zur Bekräftigung von Übergängen sowie Veränderungen im spirituellen, gesellschaftlichen und persönlichen Sinne.

Auf der ganzen Welt bildet das Feuer das Zentrum ritueller Feiern; ja die Worte Feier und Feuer sind sprachlich wurzelverwandt, und beides ist in der Praxis unmittelbar miteinander verbunden, gibt es doch kein religiöses Fest ohne Feuer, sei dieses auch nur in Form einer Kerze anwesend.

In der indoeuropäischen Tradition gilt das Feuer als Mittler zwischen Menschen und Gottheiten. Traditionelle Opfergaben wie Butter oder Nahrungsmittel werden in einigen Gegenden noch heute dem Feuer übergeben, welches die Substanz auflösen und die Essenz über den Äther in die spirituelle Dimension umwandeln soll. Das Feuer gilt auch als Zeuge der göttlichen Welt und wird bei wichtigen Zeremonien angerufen. Ein traditionelles Ritual begann und beginnt zum Teil immer noch mit dem Entzünden eines Feuers oder einer Kerze.

Vor einigen Jahren besuchten Abgeordnete der Ureinwohner des Amazonasgebiets die Schweiz, um die Regierung auf die Zerstörung ihres Lebensraums und Ermordung ihrer Stammesangehörigen durch die Gier der industriellen Welt nach Rohstoffen aufmerksam zu machen. Im Rahmen ihres Besuchsprogramms wurden sie eingeladen, den bekannten Giessbachfall im Berner Oberland zu besuchen. Dort angekommen, begann einer der Indios spontan zu singen und tanzen. Mit diesem Ritual reagierte er auf die aussergewöhnliche Kraft und den hohen Geist des Ortes. Diese Episode weist auf die zentrale Bedeutung des Naturrituals; es geht um die unmittelbare Beziehung. Wie das Beispiel zeigt, wird diese mittels eines Rituals hergestellt, das nicht allein vom Menschen «gemacht» wird, sondern aus der besonderen Situation heraus entsteht. Es hilft, die Kontrolle durch den Verstand zu überwinden, das normale Wachbewusstsein zu transzendieren.

Im Zuge der Entwicklung des individuellen Ich und der damit verbundenen Sprache wurde das aus der Empfindung entstehende Ritual zunehmend in den Hintergrund gedrängt und auf äussere, symbolische Handlungen reduziert. Anders als die Zeremonien der organisierten Religionen ist ein Naturritual an keine feste Form gebunden. Sein Ablauf wird von den Schwingungen eines Ortes mitbestimmt. Wir müssen uns daher hüten, Ritualformen anderer Völker zu kopieren. Vielmehr sollten wir eine Wahrnehmung entwickeln, die uns erlaubt, das für den jeweiligen Ort und Zeitpunkt geeignete Ritual entstehen zu lassen.

Der erste Schritt besteht darin, die mystische Wirklichkeit der Natur anzuerkennen. Dies mag zunächst schwierig erscheinen, widerspricht eine solche Haltung doch diametral dem rationalen, wissenschaftlichen Weltbild. Eigenartigerweise hindert dieses Weltbild kaum jemand daran, die ebenso mystische Wirklichkeit seiner Religion zu akzeptieren und sich vor ihren Bildnissen zu verneigen. Eine universelle Geste, mit der dieser erste Schritte vollzogen wird, ist die Begrüssung. Vielleicht klingt es seltsam, aber ist man einmal über den eigenen Schatten gesprungen und hat das mystische Wesen des Ortes aufrichtig anerkannt, übernimmt das Leben den Lauf der Dinge. Was dann geschieht, ist möglicherweise nicht das, was wir uns wünschen oder vorstellen. Vielmehr stellt sich das ein, was im Augenblick gut für uns ist. Vom Lebensfluss geleitet, fühlen, denken und tun wir genau das, was jetzt richtig ist. Es genügt nicht, lediglich an die mystische Dimension zu glauben; wir müssen sie mit einer Geste ansprechen und zur Wirklichkeit werden lassen. Diese Geste kann eine lautlose Ehrerweisung, eine Verbeugung, ein Tanz oder Lied sein. Als Wesen des Wortes bietet sich den Menschen das Ansprechen an, wie das auch in der christlichen Praxis der Anbetung geschieht. Grundsätzlich dient das Ritual dazu, vom Denken zu lassen und sich der unmittelbaren Erfahrung zu öffnen. Entscheidend ist, dass die Worte von Herzen kommen, und nicht, ob sie klug gewählt sind. Man kann sich auch einfach hinsetzen und schweigen, was in Gesellschaft anderer zu Beginn oft sehr wirksam ist. Solche Gesten lassen die gedachten Grenzen zwischen den verschiedenen Dimensionen verblassen und in Herz und Geist Räume öffnen, die weit über die Konsenswirklichkeit hinausreichen.

Wandern, Wandeln, Wundern

Im Zusammenhang mit den Kräften der Natur und insbesondere den Orten der Kraft ist das Wandern ein hoch wirksames Ritual. Eine Wanderung durch die Natur kann zur Entdeckung unbekannter Bereiche im Innern führen. Dies gilt besonders dann, wenn sie zu Orten der Kraft und durch mystische Landschaften führt. Sie sind Pilgerreisen, und diese wurden und werden traditionell zu Fuss unternommen – in dem Bewusstsein, dass immer auch ein Stück Lebensweg zurückgelegt wird. Was eine solche Wanderung bietet, hängt von der eigenen Haltung ab. Beim aufmerksamen, gelassenen Gehen beruhigen sich die Gedanken, und man nähert sich Schritt für Schritt dem Weg, der damit zum Ziel wird. Nur im Wandertempo ist es möglich, die Landschaft mit ihren vielen Aspekten wahrzunehmen. Wandern heisst nicht, möglichst schnell von einem Punkt zum anderen zu gelangen. Vielmehr geht es darum, präsent zu sein, im Jetzt anzukommen.

Auf der Suche nach Orten der Kraft kann es geschehen, dass die Schritte allmählich langsamer werden, die Pausen, um Eindrücke aufzunehmen, häufiger. Man beginnt, sich ob der Vielfalt der Landschaft zu wundern, und geht vom Wandern zum Wandeln über. Wandeln heisst unsichtbaren Pfaden folgen, sich gehen und anziehen lassen. Man mag sich dabei verirren und wieder finden, im Kreis gehen oder kaum vom Fleck bewegen und ist doch immer auf dem richtigen Weg. Wegweiser und Landkarte werden durch die Intuition ersetzt. Ihr folgend wird alles, was wir sehen, bedeutungsvoll und zur persönlichen Begegnung. Wandelnd wird man von der Natur verwandelt.

Traditionelle Nutzung der Orte

Was liegt näher, als sich bei der Frage nach den Möglichkeiten, die uns Orte der Kraft bieten, an jene zu wenden, die noch unmittelbar mit der Tradition verbunden waren! Was taten also die Alteuropäer bei ihren Kultplätzen? So genau wissen wir dies natürlich nicht, lebten sie doch in einer Zeit, über die keine geschichtlichen Dokumente existieren. Wir haben bereits die Vermutung geäussert, dass die Kelten eine Zusammenfassung der europäischen Kultur des Altertums darstellen. Über sie wissen wir von Julius Cäsar, ihrem erklärten Feind, dass «die Gallier sehr religiös» waren. Aus dem Mund eines Römers bedeutet dies vor allem eines: Religion war für die Kelten und Germanen nicht bloss eine gesellschaftliche und damit äusserliche Angelegenheit, sondern bestimmte ihren Alltag in jedem Lebensbereich.

Nicht nur der Wandel der äusseren Natur (Jahreslauf der Sonne, Mondzyklen) wurde rituell begleitet, ebenso der Wandel der inneren Natur. Während der Entwicklung vom kleinen Kind bis ins Alter der Reife durchläuft der Mensch tiefgreifende Wandlungen seines Wesens. Wie die Schlangen ihre zu eng gewordene Haut abstreifen, muss auch der Mensch seine Hüllen loslassen, um weiter zu wachsen. In allen naturverbundenen Gesellschaften sowie Hochkulturen kam den Übergangsriten zwischen den einzelnen Lebensphasen grosse Bedeutung zu. Einige dieser Zeremonien werden teilweise noch heute in ihrer christlichen Form begangen, andere, etwa jene nach der Hochzeit, gerieten in Vergessenheit. Auch nach dem Erwachsenwerden durchlaufen Menschen Veränderung, überschreiten Schwellen, was mit einfachen Ritualen bestärkt und bewusst gemacht werden kann. Seit Menschengedenken wurden an Orten der Kraft religiöse Einweihungs- und Übergangszeremonien abgehalten.

Taufe, Geschlechtsreife, Hochzeit

Seit Urzeiten werden Taufen, unabhängig von der Glaubensrichtung, bei Quellen vorgenommen. Am besten eignen sich natürliche, also ungefasste Quellen. Wenn sie dazu noch als heilige oder heilende Quelle tradiert, mit Namen versehen oder Geschichten verbunden sind, erhöht dies ihren Wert und damit das Erlebnis. Kein anderer Ort scheint besser dazu geeignet, den Täufling in die Gemeinschaft des irdischen Lebens aufzunehmen als eine Quelle, wo das Wasser frisch aus dem Schoss der Erdmutter sprudelt. Beim Eintauchen wird das Kind sinnlich, energetisch und spirituell von ihrer Energie umfangen und durchdrungen.

Der Übergang zur Geschlechtsreife wird bei den Protestanten mit der Konfirmation, den Katholiken mit der Firmung und bei den Juden mit der Bar Mizvah begangen. Ideale Orte dafür sind alte Bäume, wenn möglich solche, die eine kultische oder kulturelle Bedeutung haben. Ist doch der Eintritt ins Erwachsenenalter verbunden mit dem universellen Baum, also mit der bewussten Erfahrung, ein Glied einer Ahnenreihe, ein Blatt am Lebensbaum zu sein. Bei vielen Naturvölkern gehen die jungen Menschen für einige Zeit in die Wildnis, wo sie umgeben von den reinen Energien der Natur in Visionen ihr Wesen als Erwachsene suchen.

Seitdem die protestantische Kirche Trauungen im Freien erlaubt und zunehmend unabhängige Pfarrerinnen oder Zeremonienleiterinnen Trauungen ausserhalb von Kirchen vornehmen, bieten sich der Liebesbaum Linde, Quellen oder Naturbrücken als ideale Orte für das Zusammenkommen zweier Menschen an. Bei Ehen, die in der freien Natur geschlossen werden, gelten Erde und Himmel als die eigentlichen Zeugen des Bundes und die menschlichen Trauzeugen als deren Vertreter.

Lebensmitte, andere Dimensionen

Um die Lebensmitte herum erleben Menschen einschneidende Erfahrungen. Diese Übergangsphase, während der oft alles durcheinander gerät, wurde vor einigen Jahrzehnten unter dem Namen Midlifecrisis eingehend thematisiert. Alte Kulturen kennen diese Phase, in der sich die bisher auf die Familie gerichtete Motivation verändert, was zu tiefer Verunsicherung führen, aber auch neue Chancen eröffnen kann.

Initiatons- oder Einweihungsrituale, ob sie den Übertritt in einen neuen Lebensabschnitt (Kind – Erwachsener, ledig – verheiratet, Vor- und Nachlebensmitte) oder in die Erfahrung anderer Dimensionen der Wirklichkeit betreffen, sollen grundsätzlich das Überqueren von Grenzen erleichtern. Zuerst muss der Initiand den bestehenden Zustand loslassen und sich der Unsicherheit des Zwischenstadiums hingeben. Danach tritt er in seinen neuen Zustand ein. Sheldrake interpretiert diesen Eintritt mit der damit verbundenen neuen Rolle im Lebensspiel als Eintreten in ein neues morphisches Feld, welches das Verhalten der «neuen» Persönlichkeit formt.

Alle echten Kulturen kennen oder kannten Einweihungen in andere Wahnehmungs- oder Bewusstseinsebenen, in welche sich Pforten zu den spirituellen Dimensionen des Lebens öffnen. Das wohl bekannteste tradierte und echte Einweihungsritual Europas (wo der Initiand dies wirklich erlebt und es nicht bloss symbolisch nachvollzogen wird) wurde in der griechischen Antike im Rahmen der Mysterien von Eleusis abgehalten. Nach einer monatelangen Vorbereitungszeit und einem über eine Woche dauernden Marsch von Athen nach Eleusis bekamen die Initianden (wie beispielsweise Homer einer war) einen Trank namens Kykeon. Der LSD-Entdecker und Chemiker Albert Hofmann schrieb dazu: «Anschliessend hatten sie ein Erlebnis des Einsseins, des Unaussprechlichen. Solche Erfahrungen lassen sich nicht in Worte fassen, und deswegen durfte auch nicht über die Erfahrung selbst, sondern nur über ihre Bedeutung gesprochen werden. Jedenfalls wählten schon die alten Griechen den pharmakologischen Weg, jedoch stets verbunden mit einer Vorbereitung. Probleme entstehen dann, wenn diese Bedingungen nicht erfüllt sind. Bei den Indianern sind diese (magischen) Substanzen in den Händen der Schamanen.»

Lehrpflanzen

Jede Arbeit über die angewandte Naturmythologie wäre unvollständig, wenn das Thema der bewusstseinsverändernden Pflanzen ausgeklammert würde. Erwähnungen in den ältesten Überlieferungen der Menschheit, zahlreiche Berichte über traditionelle Medizinleute oder Schamaninnen und die stetig anwachsende Menge an Informationen aus der experimentellen Forschung zeitgenössischer Psychonauten lassen darauf schliessen, dass die magischen Pflanzen untrennbar mit Einweihungsritualen verbunden sind. Wir wollen weder die Risiken der Zusammenarbeit mit solchen Pflanzen verharmlosen noch ihre Anwendung empfehlen. Auch auf dem Höhepunkt der schamanischen Kulturen wurden sie meistens nicht von allen Menschen eingenommen, und wenn dies geschah, dann in einem sicheren rituellen Rahmen und unter Aufsicht und Führung von erfahrenen, weisen Menschen. Wer sich auf die eine oder andere Pflanze einlässt, dem sei empfohlen, sich ernsthaft zu informieren und das Ritual wenn möglich in der freien Natur abzuhalten, am besten an einem kraftvollen Ort oder gar einer tradierten Kultstätte.

Als Helferpflanzen sind auch verschiedene Kräuter zu empfehlen, die, als Tee eingenommen, auf subtile Weise auf das Unbewusste einwirken und helfen, die Wege zur beseelten Natur zu finden. Dazu gehören Schlüsselblume, Johanniskraut, Holunderblüten oder Hagebutte.

Selbstverständlich bieten sich ausser dem «pharmakologischen Weg» auch andere Methoden zur Transzendierung des Normalbewusstseins an, wie etwa Yoga, Fasten, Sinnesentzug durch Isolation, Tanz oder Kunst. Auch auf diesen Wegen gerät man in eine andere Wirklichkeit. Um das auf diese Weise erreichte andere Erleben zu verinnerlichen, ist es ebenso wichtig wie in der Arbeit mit psychedelischen Pflanzen, sich vorzubereiten, die richtigen Begleitpersonen und vor allem die richtige Umgebung zu wählen. Und dies sollte zumindest ab und zu an Orten der Kraft in der freien Natur sein, denn wie Albert Hofmann sagt: «Viele von uns leben in einer städtischen Umgebung, die vollständig vom Menschen gestaltet ist. Wir haben uns der Natur entfremdet. Wir haben das Gefühl verloren, ein Teil der lebenden Schöpfung zu sein. Und das gehört zum Schlimmsten, was uns widerfahren kann. Weil wir nicht mehr wissen, dass wir ein Teil der Natur sind, sind wir in dieses materialistische Zeitalter hineingeraten und sehen nun die ganze Katastrophe der Umweltzerstörung, die wir dadurch verursacht haben.»

Zeiten der Kraft

Nach der indoeuropäischen Überlieferung bestimmen Zeit, Ort und Umstände die Qualität einer Erfahrung. Wie bereits erwähnt, haben Jahreszeit, der Stand der Sonne und des Mondes und die Tageszeit Einfluss auf die Qualität eines Ortes und damit auch auf das Geschehen. Steinsetzungen, die oft in die Steinzeit zurückreichen, belegen, dass der Jahreslauf der Sonne genau beobachtet und an bestimmten Tagen kultische Feiern abgehalten wurden. Damit ist erwiesen, dass sich die Menschen seit Jahrtausenden mit Astronomie beschäftigen. Offenbar wussten sie, dass die Sonne nicht nur die Vegetation lenkt, sondern über die Veränderung des Energiefeldes der Erde einen grossen Einfluss auf das Leben der Menschen hat.

Feiern im Jahreslauf der Sonne

Der alteuropäische Sonnenkalender teilt das Jahr in vier Jahreszeiten. Er bildet eine Grundlage der antiken Naturmythologie, waren doch die Anfänge und die Höhepunkte der Jahreszeiten zentrale Feiertage, die unmittelbar mit Zeremonien an Kultplätzen verbunden waren. Dabei ist zu beachten, dass bei den Kelten und wahrscheinlich bei den Alteuropäern allgemein der Tag am Vorabend mit dem Sonnenuntergang begann.

Offenbar wurde das genaue Datum wichtiger Feiern nach dem Mond bestimmt, wie etwa die Frühlingsfeier, die auf den ersten Vollmond nach dem 21. März fiel. Nach dieser Regel

wurde ursprünglich auch der Zeitpunkt des Ostertages bestimmt, bis er auf den ersten Sonntag nach dem ersten Vollmond nach Frühlingsbeginn verlegt wurde. Papst Gregor verfügte um 600 n.u.Z., die Kirche sollte die Feiertage der Heiden übernehmen und in manchen Belangen nachahmen, weil sie sich sonst nicht für die Religion gewinnen liessen. Auch die Feier der Wintersonnwende vom 21. Dezember wurde verschoben – auf den 24., aber die Bedeutung, nämlich die Wiederkehr der Sonne und damit des göttlichen Lichts, wurde weitgehend übernommen. Offenbar sollte damit verhindert werden, dass die Anhänger der alten Religion unter christlichem Deckmantel ihre alten Feiertage begingen. Dasselbe geschah mit der Sommersonnwende, die zum Tag des heiligen Johannes wurde, sowie der Herbstfeier, die auch in der neuen Religion der Tag des Dankes für die Ernte wurde.

Ebenso wichtig wie die Übergänge der Jahreszeiten oder Vierteltage waren die Kreuzvierteltage, die in der Mitte der Jahreszeiten liegen und ihren jeweiligen Höhepunkt bilden. Diese Tage wurden mitsamt ihrer Bedeutung von der Kirche übernommen. Der 1. Februar wurde zur Lichtmess, der 1. November zu

Allerheiligen. Der 1. Mai blieb in ganz Europa als traditionelles Volksfest erhalten, und der 1. August als Feuertag hat zumindest in der Schweiz in der Form des Nationalfeiertages überlebt.

Leider wurde der ursprüngliche Zusammenhang mit den Vorgängen in der Natur parallel zur Entfremdung des Menschen überdeckt und vergessen. Die Inquisition setzte schliesslich alles daran, das Wissen um diese Zusammenhänge zu unterdrücken. Doch die Sonne zieht noch immer ihre Bahn, und an den acht heiligen Tagen des europäischen Altertums versammeln sich in ganz Europa bei alten Kultplätzen, traditionellen Orten von Volksfeiern oder persönlichen Kraftorten zunehmend mehr Menschen am Feuer, um ihre Verbundenheit mit der Natur und mit dem Kreislauf des Lebens zu pflegen.

Das vielschichtige Energiefeld der Erde verändert sich mit der Bahn der Sonne beziehungsweise dem Einstrahlungswinkel ihres Lichts. Jeder Mensch kann jährlich erleben, dass es im Frühling anders wirkt als im Herbst. Am Beginn der beiden Jahreszeiten sind Tag und Nacht gleich lang. Doch im Frühling nimmt die Kraft der Sonne zu und lässt die Lebenskraft aus der Erde aufsteigen, während sie im Herbst abnimmt und das Leben der Natur in die Erde zurückkehrt. Auch der Mensch durchlebt als Teil der Natur diese Phasen des Werdens und Vergehens. Im Unterschied zu Frühlings- und Herbstbeginn, wo Tag und Nacht gleich lang sind, erlebt er an den beiden Sonnwenden die beiden Extreme seines polaren Wesens. Im Gegensatz der beiden Jahreszeiten liegt gleichzeitig ihre Gemeinsamkeit: An beiden Tagen hält bildhaft gesprochen das Sonnenpendel an und schwingt wieder zum Gegenpol zurück. Mitten im kalten Winter keimt der kommende Sommer, mitten im warmen Sommer wird der Winter geboren. An den acht Feiertagen des Sonnenrades gehen die Gegensätze wie in einem lebendigen kosmischen Yin/Yang ineinander über. An diesen Übergängen öffnen sich nach der Naturmythologie Tore in eine andere Dimension der Wahrnehmung, die anlässlich der Feiern rituell durchschritten wurden. Dabei wurden sie sich des Wechsels bewusst, der sich ebenfalls in ihrer inneren Natur vollzog und sie daran erinnerte, dass auch sie in eine andere Phase eintraten.

Der heutige Mensch unterscheidet sich in dieser Hinsicht kaum von seinen alteuropäischen Vorfahren. Viele Zeitgenossinnen machen die Erfahrung, dass diese Tage noch immer ideal sind, um kraftvolle Orte aufzusuchen, um dort zumindest alle sechs Wochen die Beziehung zur äusseren und inneren Natur bewusst zu erleben und zu erneuern. Das Einstimmen in den natürlichen Jahreszyklus bietet eine Gelegenheit, sich aus der Hektik des Alltags herauszulösen, einen Schritt zurückzutreten und sein Leben in einem grösseren Zusammenhang zu betrachten. Um diese günstigen Zeitpunkte zu nutzen, muss man weder ein wirklichkeitsfremder Nostalgiker noch ein abergläubischer Schwärmer sein. Es mag zwar dem rationalen Verstand schwer fallen zu akzeptieren, dass das menschliche Wesen, der Kern der Persönlichkeit, unmittelbar mit der natürlichen Umwelt verbunden ist, aber selbst die Wissenschaften weisen in diese Richtung. Ganz und gar unwissenschaftlich ist die tradierte Vorstellung, wonach an den Viertel- und Kreuzvierteltagen die Membranen zwischen den verschiedenen Dimensionen des Seins durchlässiger sind. Und dennoch machen weltweit unzählige Menschen Jahr für Jahr die Erfahrung, dass sich unter günstigen Umständen der Schleier tatsächlich etwas lüftet. Es sei nochmals daran erinnert, dass die Tage am Vortag beim Einachten beginnen.

Jene Frauen und Männer, die seit Jahrzehnten die Zusammenhänge zwischen den Naturkräften bestimmter Orte und den Jahreszeiten beobachteten, sind sich einig, dass Harmonie mit dem Sonnenstand, mit der Jahreszeit, mit dem Ort und mit sich selbst die ideale Voraussetzung ist, um die natürlichen Energiefelder zu spüren. Entsprechend sind die Beziehungen zwischen den jeweiligen Feiertagen des Jahreskreises und der energetischen Qualität des Ortes zu beachten.

Wir sind uns bewusst, dass die Jahreszeitanfänge nicht immer auf den 21. des jeweiligen Monats fallen. Um die Dinge nicht zu verkomplizieren, schliessen wir uns jenen an, die davon ausgehen, dass das energetische Feld jeweils bis drei Tage lang die entsprechende Schwingungsqualität hat und somit das leicht zu merkende Datum des 21. ebenso passt.

Frühling

Am 21. März, dem Frühlingsbeginn, bieten sich Orte an, die nach Osten ausgerichtet sind, also von der aufgehenden Sonne beschienen werden. An diesem Tag beginnt das helle Halbjahr, denn in den nächsten sechs Monaten sind die Tage länger als die Nächte. Die Sonne hat sich durchgesetzt, die Vegetation beginnt nun mit aller Kraft zu spriessen. Ideale Orte, um diese Zeit des Auf- und Ausbrechens zu erleben, sind Quellen oder Quellbrunnen. Sie bieten sich als Vermittlerinnen zwischen Menschen und der Mutter Erde an, um Gaben und Gesten des Dankes zu empfangen und sozusagen weiterzuleiten. An diesem Tag ist Quellwasser, das grundsätzlich ein wahres Lebenselixier ist, noch erfrischender und heilkräftiger als sonst.

Am 1. Mai, dem Höhepunkt des Frühlings, ist die Feier der ausgelassenen Lebensfreude. Er beginnt mit der Walpurgisnacht, die einst allen heilig war. Nachdem Europa mehr oder weniger christianisiert war, wurde die Nacht nur noch von Menschen gefeiert, welche sich mit der alten Religion verbunden fühlten, weshalb sie mit dem Heidentum und den Hexen in Verbindung gebracht wurde. Ausserdem unterscheidet sich die Maifeier vom Frühlingsbeginn oder Ostern vor allem dadurch, dass während der Nacht und dem folgenden Tag die Liebe und Sinnlichkeit gefeiert wurde. Paare erneuerten am 1. Mai ihre Beziehung, und viele der Ledigen betraten dann die Welt der Paare.

In der Tradition der Maibäume und ähnlicher Bräuche ist noch der Kern der einstigen Bedeutung dieses Tages zu finden.

Sommer

Der Sommeranfang am 21. Juni wird heute noch vielerorts mit dem Johannisfeuer begrüsst. Traditionell werden diese bei alten Festplätzen entzündet, rituell umtanzt und übersprungen. Der uralte Brauch, am Sommeranfang ein Bad zu besuchen, ging in das sogenannte Johannisbad über, von dem man glaubt, dass das Wasser Körper und Geist reinige wie sonst an keinem anderen Tag. Damit verbunden ist die kultische Reinigung von Quellen und Quellbrunnen, die danach mit farbigen Bändern und Blumen geschmückt und mit Liedern gefeiert wurden.

Der 1. August markiert die Mitte und den Höhepunkt des Sommers. Vielerorts kann dessen Beginn am 21. Juni noch recht kühl sein, doch Anfang August lässt das Klima üblicherweise keine Zweifel daran, dass man sich in der wärmsten Jahreszeit befindet. Entsprechend geniesst man nach Feierabend ausgelassene Bäder in den Flüssen und Seen in der näheren Umgebung.

Zur Sommermitte wurden früher auf Hügeln und Bergen Höhenfeuer entzündet, eine Tradition, die sich vor allem im Alpenraum erhalten hat und wieder zunehmend gepflegt wird. Wo geeignete Anhöhen fehlen, bieten sich traditionelle Orte an, wie Tanzplätze, Almenden und natürlich Uferwiesen. Selbst die als kühl und nüchtern geltenden Nordeuropäer werden von der Wärme der lauen Nächte dazu verführt, den Sommer zu feiern als wären sie Südländer. Früher wurden überall Volkstanzfeste veranstaltet, heute nennt man sie Tanzpartys; Name und Musik haben sich verändert, wie das zum natürlichen Lauf der Dinge gehört, aber das typisch sommerliche, überfliessende Lebensgefühl ist geblieben.

Herbst

Herbstbeginn ist der Tag des Dankes für die Fülle des Lebens. Gaben von Naturprodukten, wie Früchte, Getreide, oder von Blumen sind ideale Gesten, um der Natur und ihren guten Geistern für die Ernte zu danken. Dafür geeignete Orte sind zum Beispiel Naturaltäre wie Schalensteine und andere überlieferte Opferplätze sowie Orte in der Nähe von Fruchtbaumgärten, Getreidefeldern oder Gemüseäckern.

Die Herbstmitte galt den Alteuropäern als Jahresende. Der 1. November wurde von den Kelten Samhain genannt. Mit ihm begann in ihrem Kulturkreis das neue Jahr mit der dunklen Jahreshälfte, wie auch der neue Tag beim Einnachten begann. Die Wachstumskraft der Vegetation hat sich in die Erde zurückgezogen, auch die letzten Reste der Ernte sind eingebracht, und die Natur gehört nun ganz ihren Geistern. Bereits in der vorchristlichen Tradition wurde an diesem Tag der verstorbenen Angehörigen und der Ahnen im Allgemeinen gedacht. Heute tut man dies bei den Grabsteinen auf dem Friedhof, welche die Funktion individualisierter Ahnensteine haben. Wer es traditioneller mag, besucht einen antiken Kultstein oder ein anderes Steinheiligtum, sofern dies möglich ist.

Samhain ist nicht ausschliesslich eine Totenfeier. Grundsätzlich wird das vergangene Jahr verabschiedet, um den Geist frei zu machen für das kommende. An Übergängen öffnen sich Pforten zu anderen Dimensionen, was besonders für den Übergang zwischen altem und neuem Jahr gilt.

Winter

Am 21. Dezember beginnt der Winter; es ist die Feier der sinnbildlichen Wiedergeburt der Sonne und damit auch der «Sonne hinter der Sonne», die in der westlichen Kultur einst mit Bal/Belenos/Baldur und nach der Zeitenwende mit Christus gleichgesetzt wird. Die längste Nacht wird mehr als die anderen Jahreszeitfeiern mit Feuer und Kerzen begangen. Derart sollte ursprünglich auf symbolische Weise die Sonne sowie deren Wiederkehr unterstützt werden. Dazu wurden im Wald Feuer entzündet und immergrüne Bäumchen wie etwa Tannen oder Eiben mit Kerzen geschmückt. Mit dem recht jungen Brauch des Weihnachtsbaums wurde die alte Tradition der Zeit (man könnte auch Entfremdung sagen) angepasst und ein Stück Wald ins Wohnzimmer geholt. Das eine muss das andere nicht ausschliessen, weshalb man vielerorts am 21. Dezember im Wald auf Menschen trifft, die sich um ein Feuer versammelt mit der endlosen Reihe von Generationen verbinden. Gerade in einer Zeit, wo man kaum mehr nachts draussen ist, lässt die mystische Atmosphäre des Waldfeuers niemand unberührt. Wenn man drei Tage später in der Stube beisammen sitzt, wird man vom Tännchen an den Zauber der winterlichen Waldnacht erinnert, und damit werden die Bedeutung und Freude der Weihnacht nicht geschmälert, sondern gesteigert.

In der Wintermitte am 1. Februar kommt das zunehmende Licht an die Oberfläche, weshalb dieser Tag auch Lichtmess genannt wird. Tatsächlich ist das Sonnenlicht spürbar intensiver und hat eine feierliche Qualität. Die Welt trägt ein Lächeln im Gesicht, das sich auf das Gemüt überträgt. Die ganze Natur scheint von innen heraus zu leuchten. Man fühlt sich etwas leichter als üblich, von Licht erfüllt. An diesem Tag empfiehlt sich, einen langen Spaziergang in der freien Natur zu unternehmen, das neue Licht nicht nur mit den Augen, sondern auch mit dem Herzen aufzunehmen. Die empfundene Freude schenkt Kraft, um die letzten kalten Wochen bis zum Frühlingsanfang zu überbrücken.

Mondphasen

Die Natur wird ausser vom Stand der Sonne auch vom Lauf des Mondes und seinen Phasen beeinflusst. Bis vor wenigen Jahren wurden jene, die Aussaat und Ernte nach dem Mond richteten, gerne von Rationalisten belächelt. Heute berichten Biologen, wie stark die Mondphasen auf die Pflanzenwelt wirken, und das sogenannte Mondholz, das in günstigen Mondphasen geschlagen wird, erfreut sich zunehmender Beliebtheit. Weil es stabiler ist und sich wesentlich weniger verzieht, eignet es sich bestens als Bau- und Möbelholz. Auch zu diesem Thema lässt sich mehr sagen, als im Rahmen dieses Buchs möglich ist, weshalb wir auf die mittlerweile reichhaltige Literatur verweisen. Es sei bemerkt, dass der Mond auch im Zusammenhang mit der Intensität und Qualität der natürlichen Kraftfelder eine bedeutende Rolle spielt. Die Phasen des abnehmenden und zunehmenden Monds sowie Neumond und Vollmond sind beim Besuch von Kraftorten ebenso zu beachten wie der Stand der Sonne und ihre Umlaufbahn.

Neumond

Wenn der Mond in Konjunktion zur Sonne steht, also von uns aus gesehen zwischen Erde und Sonne, ist er kaum sichtbar, weshalb diese Phase auch als Schwarzer Mond bezeichnet wird. Sonne und Mond sind während der Konjunktion astrologisch betrachtet beisammen, stehen sie doch zwei bis drei Tage im selben Tierkreiszeichen. Wenn die beiden sich auf diese Weise nahe sind, ist das Kraftfeld der Erde geprägt von einer Ruhe, von Erfüllung und Harmonie.

Zunehmender Mond

Der Bergbauer und Philosoph Gadon Krebs gehört zu den Pionieren des Gesteinsmehls. Er mahlte verschiedene ausgesuchte Gesteine zu Pulver, dessen Anwendung er vor allem in der Landwirtschaft empfahl, sei es zur Mineraldüngung des Bodens oder als Nahrungszusatz für die Hoftiere. Aber auch seinen Besuchern pflegte er jeweils grosszügige Portionen davon auf den Kräutersalat zu streuen, dass man beim Kauen glaubte, ein Kieswerk im Mund zu haben. Er gelangte durch viele Jahrzehnte der Erfahrung und Beobachtung zur Überzeugung, dass die Ausstrahlung der Gesteine bei zunehmendem Mond ebenfalls zunimmt. Die Phase des zunehmenden Mondes ist günstig für Aufbau, Stärkung oder Bekräftigung.

Vollmond

Wenn der Mond von der ihm gegenüber stehenden Sonne voll bestrahlt wird, erscheint er am Himmel als runde, leuchtende Scheibe oder Vollmond. Stehen die beiden in Opposition einander gegenüber, so ist die polare Spannung am intensivsten spürbar. Die zwischen ihnen fliessende Energie verstärkt alles, was die Menschen tun, weshalb in Vollmondnächten seit Menschengedenken Kultplätze besucht und rituelle Feiern abgehalten werden. Im silbernen Licht des vollen Mondes wirkt die Natur auf geheimnisvolle Weise belebt. Es ist die Zeit, wo sich die Naturgeister am häufigsten bemerkbar machen und den geneigten Menschen Einblicke in die Mysterien der Natur geschenkt werden.

Abnehmender Mond

Naturverbundene Gärtnerinnen säen während der Phase des abnehmenden Mondes das Wurzelgemüse, und auch für die Menschen ist es die Zeit, sich nach der Ekstase des Vollmondes wieder der Erde und den Wurzeln zuzuwenden. Der Mond ist wieder auf dem Weg zur Vereinigung mit der Sonne. Dies ist die Zeit, um loszulassen und sich voller Vertrauen dem Lebensprozess zu übergeben.

Die Heilkraft der Natur

Im Zusammenhang mit Kraftorten wird des Öfteren auf die bei ihnen intensiver wirkende Heilkraft der Natur hingewiesen. Dazu muss betont werden, dass Heilkraft im ganzheitlichen und nicht im engeren medizinischen Sinn zu verstehen ist. Heilen kommt von *heil,* einem alten Begriff für «ganz», und bedeutet, dass etwas oder jemand wieder heil oder eben ganz wird; was entzweit oder abgetrennt, wieder verbunden wird. Der Vorgang des Heilens in diesem Sinn betrifft die Unterstützung der Selbstheilungskraft und nicht eine Therapie zur Heilung eines bestimmten Leidens. Die Naturheilkraft, also die heilende Wirkung der äusseren Natur auf den Organismus, gehört zur Komplementärmedizin – wie etwa die Kräuter- und Steinheilkunde oder die Methoden des energetischen Heilens – und kann in Fällen, wo eine ärztliche Behandlung notwendig ist, diese nicht ersetzen. Als Ergänzung dazu ist sie sehr hilfreich, insbesondere bei Gemütsstörungen ist sie empfehlenswert. Kluge Menschen wissen, dass Vorbeugen besser ist als Heilen. In diesem Sinne liegt die wirkungsvollste Anwendung der Naturheilkraft im Verhindern von Krankheit, indem sie die körpereigenen Kräfte stärkt, das Gemüt erfreut und den Geist inspiriert.

Nach dem Modell der schwingenden Felder haben auch die Organe, Gefässe oder Gewebe des menschlichen Körpers eine Eigenschwingung. Solange sie in ihren natürlichen Frequenzen schwingen, ist er gesund. Wenn aber die Schwingung eines einzelnen Körperteils gestört ist, entsteht eine Disharmonie, vergleichbar mit einem Orchester, wenn ein einzelner Musiker falsch spielt. Anhänger der Bioresonanz argumentieren, dass die Schwingungen der Natur den Körper einstimmen und wieder in seinen natürlichen Frequenzen zum «Klingen» bringen.

Unabhängig davon erlebt jeder normal sensible Mensch, dass die Natur und ihre Kräfte wohltuend auf das Gemüt wirken. Von jeher gelten Gemütsverstimmungen als Ursache von psychischen und körperlichen Störungen, die sich schliesslich als Krankheiten äussern. Bis zum Durchbruch der modernen Diagnosemedizin galt zum Beispiel Schwermut als die häufigste

Todesursache. Auch die Schulmedizin bestreitet kaum noch die Zusammenhänge zwischen Belastungen des Gemüts und der psychischen und körperlichen Gesundheit. Gerade bei psychosomatischen Störungen können regelmässige Aufenthalte bei kraftvollen Orten lindernd wirken.

Die Heilkunst der Antike basierte unter anderem auf dem Einfluss der vier Elemente (Temperamente) und deren Zusammenspiel auf Körper, Gemüt und Geist. So wurden beispielsweise Patienten mit Krankheiten der Atmungswege in die einst weltberühmten Luftkurorte überwiesen. Diese Orte entsprechen exakt den alten geomantischen Kriterien von Luftorten. Es ginge zu weit, auf die komplexen Zusammenhänge zwischen den Elementen und spezifischen Krankheiten einzugehen. Wir verweisen auf die einschlägige Literatur, zum Beispiel aus dem Bereich der medizinisch orientierten Astrologie.

Übergänge zwischen Zeit und Raum

An Übergängen zwischen den Jahreszeiten wie auch den Mondphasen sind die Grenzen zu den verschiedenen Welten durchlässiger. Dasselbe gilt für die Übergänge zwischen Tag und Nacht, weshalb die Morgen- und Abenddämmerung als besonders günstige Zeiten für Aufenthalte und Rituale bei Orten der Kraft gelten. Die Welt verliert ihre Eindeutigkeit und Dinge, die sonst klar getrennt sind, beginnen sich zu vermischen. Dies erlaubt uns, festgefahrene Denk- und Verhaltensmuster loszulassen.

Inspiration und Einsicht

Alle Religionen kennen Orte (der Kraft), deren Schwingungsfelder offensichtlich die spirituellen Bereiche des Bewusstseins anregen und zu tiefsinnigen Einsichten in das eigene Wesen oder unter günstigen Umständen sogar zu transzendentalen Erfahrungen führen können. Dies lässt sich zumindest teilweise mit dem Phänomen der morphischen Resonanz erklären, also der Übertragung der im morphischen Feld des Ortes gespeicherten Bewusstseinsinhalte auf das Individualbewusstsein. Voraussetzung dazu ist weniger ein formelles Ritual als eine Haltung, in der Respekt, Hingabe und Liebe zusammenfinden. Wenn sich der Geist von der Illusion der Trennung von Innen und Aussen, dem individuellen Ich und dem kollektiven Bewusstsein gelöst hat, beginnt eine vielschichtige Kommunikation zu fliessen, über die Schranken von Raum und Zeit hinweg.

Gewiss ist dies auch unabhängig vom Ort möglich, geschieht es doch im Bewusstsein des Menschen. Jedoch weist die Kultur- und Geistesgeschichte der vergangenen Jahrtausende stets darauf hin, dass die Schwingungsfelder von Orten der Kraft derartige Erfahrungen erleichtern. Man wird wohl nie genau wissen, wie dies möglich ist, und es schon gar nicht wissenschaftlich ergründen können, aber es wäre wirklich unvernünftig, nur deshalb auf dieses kostbare Geschenk der Mutter Erde zu verzichten.

Die Bedeutung der Kraftorte heute

Von jeher sind die Menschen überzeugt, dass die Natur zu uns in Zeichen spricht. Angesichts der weltweiten Zunahme von «Ereignissen», wie Naturkatastrophen medial beschwichtigend genannt werden, wundern sich selbst eingefleischte Rationalisten und Skeptiker, ob nicht eine Botschaft dahintersteckt. Überschwemmungen, Flutwellen, Dürren, Erdrutsche und Lawinen gab es immer, aber deren Ausmass und Häufigkeit drängt zum Nachdenken.

Die Menschheit lebte Jahrtausende unmittelbar mit der äusseren und inneren Natur zusammen. Innerhalb weniger Generationen hat sie diese Natürlichkeit weitgehend verloren, was offensichtlich zu einem Ungleichgewicht geführt hat, das sich in den weltweit verbreiteten persönlichen, gesellschaftlichen und ökologischen Problemen ausdrückt. «Nur die Natur kann es wieder richten.» Diese Worte eines Bauern, den ich nahe meiner ländlichen Schreibstube im Wald antraf, bringen es auf den Punkt. Der Weg, der aus dieser globalen Krise hinausführt, muss sich an der Natur orientieren. Sie als die für uns wahrnehmbare Manifestation des universellen schöpferischen Geistes kann die Fragen beantworten, die Wunden heilen. Sie tut dies auf ihre Weise seit Anbeginn der Zeit langsam und bedächtig, und es dauert manchmal eine Weile, bis man versteht.

Die Erde ist uns nicht untertan. Vielmehr hat der Mensch die Aufgabe, Himmel und Erde zu verbinden, also die spirituelle und die materielle Hemisphäre in Gleichklang zu bringen und auf dieser Grundlage die Natur und alle ihre Wesen zu schützen. Die grösste Herausforderung unserer Zeit besteht darin, die Synthese zu finden zwischen der Naturgesellschaft und der Technologiegesellschaft. Wenn die menschliche Intelligenz auf ein gleichberechtigtes, nachhaltiges Zusammenleben aller Erdenbewohner ausgerichtet ist, wird vieles möglich. Heute zweifelt kein vernünftiger Mensch mehr daran, dass nur ein nachhaltiger Umgang mit der Natur auf die Dauer die Lebensgrundlagen erhalten kann. Dies bezieht sich nicht allein auf die Erhaltung des ökologischen Gleichgewichts. Man muss sich auch fragen, wie sich die gestörte Beziehung zur Natur auf die Psyche auswirkt. Ist es natürlich, dass wir uns als von der Natur abgetrennte Wesen fühlen? Und ist es möglich, ein erfülltes Leben zu führen, wenn die Erde, deren Kinder wir sind, dermassen missbraucht und geschändet wird?

Was wir jetzt tun, bestimmt, was in den nächsten Jahren mit uns und unserem Planeten geschieht. Aber die Zukunft wird nicht für alle dieselbe sein. Jeder einzelne Mensch entscheidet selbst, ob für ihn die Erde zur Arche wird oder ob er in der Flut von Gier, Zorn und Unwissenheit untergeht.

Anhang

Glossar

Bioresonanz bezeichnet die Übertragung von Schwingungen. Die Anwendung der Bioresonanz beruht auf der Beobachtung, dass die Schwingungen der Natur und ihrer Stoffe auf Zellen, Gewebe, Organe oder Organismen übergehen und deren geschwächte oder gestörte Eigenschwingungen wieder «einstimmen», also auf natürliche Frequenzen zum Schwingen zu bringen.

Blanche Merz (1919–2002) gründete nach 25-jähriger Praxis als Bauingenieurin das erste Forschungszentrum für Geobiologie und machte als Dozentin in mehreren internationalen Forschungsinstituten die Geobiologie weltbekannt. Sie hat sich stets dafür eingesetzt, eine Brücke zwischen Physik und Metaphysik zu schlagen. Mit ihren Büchern stiess sie Tore zu einem neuen Verständnis der Geomantie auf und hinterliess damit ein Erbe, das einen zentralen Beitrag für das Finden von neuen Wegen in die Zukunft der Menschheit leistet.

Boviseinheiten bezeichnen eine Masseinheit der biophysikalischen Messmethode mit Hilfe des radiästhetischen Pendels. 1000 Boviseinheiten entsprechen 100 Nanometer, beinhalten aber neben der Wellenlänge noch zusätzlich die Schwingungsqualität. 6500 Boviseinheiten bedeuten einen neutralen Wert, 10 000 bis 13 500 Einheiten einen aufladenden Ort, 15 500 Einheiten gelten als Schlüsselwert an sakralen Orten, bis 18 000 Einheiten findet man an energiereichen Orten der Kraft. Alle darüber liegenden Werte sind ausserordentliche Orte, die Resonanzen im spirituellen Bereich auslösen.

DNS ist ein grosses Molekül im Kern jeder Lebenszelle, das in zwei miteinander verbundenen Strängen parallel verknüpft und in eine Doppelspirale eingerollt ist. Sie enthält das Material der genetischen Vererbung und damit die Informationen zum «Bau» aller Lebewesen. Dieser genetische Code besteht aus Sequenzen der vier Aminosäuren. Wahrscheinlich trägt die DNS auch andere Informationen in sich, die als kollektive Weisheit oder universelles Bewusstsein umschrieben werden kann. Die DNS wird mit der Kundalini-Schlange der kosmischen Energie und Weisheit verglichen.

Energie ist die allgemeine Fähigkeit, eine Wirkung hervorzubringen. Als physikalische Energie kennt man Bewegungs-, Wärme-, Kern-, Strahlungsenergie sowie elektrische, chemische und mechanische Energie. Ausserdem gibt es feinstoffliche Formen der Energie, wie etwa Tachyonen oder Skalarwellen, die bisher nicht mit herkömmlichen Methoden gemessen oder nachgewiesen werden können.

Feld ist eine Zone, in der Wirkungen festgestellt werden. Im Bereich der Physik verbinden und verweben energetische Felder Materie und Energie miteinander. Sie bestehen aber nicht aus Materie, sondern diese stellt in Feldern gebundene Energie dar. Es gibt elektromagnetische Felder, Schwerkraftfelder und Materiefelder. Ausser diesen gibt es die hypothetischen → morphischen Felder und so etwas wie spirituelle Felder, die mit einem höheren Bewusstsein verbunden sind.

Form ist die Struktur oder Gestalt von etwas im Unterschied zu seinem Material. Bei Plato ist sie austauschbar mit Idee, Urbildern, die jenseits von Raum und Zeit existieren. Nach der allgemein verbreiteten Auffassung haben Formen keine von unserer Wahrnehmung unabhängige objektive Wirklichkeit.

Gedächtnis ist die Fähigkeit des Erinnerns, die im materiellen Sinn auf Erinnerungsspuren im Nervensystem beruht. Sheldrake und andere argumentieren, dass bewusste sowie unbewusste Inhalte von Gedächtnis auf → morphische Resonanz zurückgeführt werden kann. Aus spiritueller Sicht ist Gedächtnis Teil von Bewusstsein, das wiederum mit tieferen oder höheren Bewusstseinsbereichen verbunden und an das kollektive sowie kosmische Bewusstsein angeschlossen ist.

Geist des Ortes, lateinisch *Genius Loci.* Im Licht neuer Erkenntnisse über energetische Felder, die offenbar Informationen aufnehmen, speichern und weitergeben können, erscheint die Vorstellung von Ortsgeistern nicht länger ein Irrglaube der dummen Vorfahren zu sein. Heute sprechen selbst Wissenschaftler vom Gedächtnis des Ortes, in welchem Informationen aus verschiedenen Dimensionen gespeichert sind. Der Geist des Ortes ist stets als ein untergeordneter Teilaspekt der Erdgöttin zu verstehen, der unmittelbar mit der elementaren Qualität des Ortes verbunden ist. Ethnologen, welche die verschiedenen Ekstasetechniken bei Naturvölker erforschten, berichten, wie bestimmte Spezialisten im Zustand des «Ausser-sich-Seins» den Geist des Ortes unmittelbar wahrnehmen. Die alten Europäer schauten die Ortsgeister als Gottheiten und Naturgeister und stellten sie in verschiedenen Formen dar. Uns modernen Menschen sind solche Personifizierungen fremd, was die Gelegenheit bietet, die spirituellen Manifestationen der Natur unbelastet von Namen und Formen so wahrzunehmen, wie sie erscheinen. Nach der Erfahrung traditioneller Schamanen und zeitgenössischer Bewusstseinsforscher sind sie dynamische Schwingungsfelder, die erst im Versuch, sie zu erfassen, im Bewusstsein konkrete Gestalt annehmen.

Geist wird im Dualismus vom materiellen Körper unterschieden. Der bewusst denkende Geist wäre demnach nicht materiell und wird auf physikalische Vorgänge im Gehirn zurückgeführt. Nach C.G. Jung ist Geist aber mit der wesentlich tieferen Dimension des individuellen sowie kollektiven Unbewussten verbunden. Heute wird das geistige Geschehen auch auf mentale Felder zurückgeführt, die, ähnlich wie morphische Felder, ein Gedächtnis haben. In spirituellen Traditionen ist Geist mit einem individuellen Überbewusstsein verbunden, das wiederum mit dem kosmischen Bewusstsein zusammenhängt.

Geobiologie ist die Wissenschaft, die den Einfluss des Ortes auf alles Lebende, Mensch, Tier und Pflanze, erforscht. Geobiologen und Geobiologinnen, wie etwa Blanche Merz, erneuerten die tradierte Geomantie, indem sie auf bisher unbekannte Einflüsse von Bodenelektrizität, Erd- und Weltraumstrahlung, Magnetgitter oder Formenwellen aufmerksam machten.

Geomantie von *geo,* «Erde», und *manteia,* «Erraten, Erfühlen, Weissagen». Altes kulturelles Wissen über die erdverbundenen Kraftfelder und die Kunst, mit den Energien der Erde zu leben. Die Geomantie gründet auf der Beobachtung, dass Faktoren, wie Topografie, Untergrund oder Vorherrschaft eines der vier Elemente, das globale Kraftfeld der Erde modifizieren, also intensiver werden lassen respektive dessen Schwingungsqualität verändern. In diesem Sinne spielt die → Signatur der Landschaft bei der Beurteilung eine zentrale Rolle.

Information bedeutet in eine Form bringen; bezeichnet also das, was in der Welt Form oder Ordnung bildet. In der Biologie bezeichnet genetische Information die Formen bildende Ursache. Als Information werden aber auch Inhalte von mentalen oder spirituellen Feldern bezeichnet sowie Sequenzen des kosmischen Bewusstseins.

Kultplatz bezeichnet einen Ort, der von alters her von verschiedenen Kulturen für kultische Anlässe auserwählt wurde. Bei manchen reichen die Funde bis in die Jungsteinzeit zurück. Da sie im Mittelalter oft als Standorte von Kirchen oder Klöster gewählt wurden, besteht eine bis zu siebentausendjährige Kontinuität als heiliger Ort. Bei Kultplätzen ist man mittels morphischer Resonanz an Informationsfelder angeschlossen, die sich über die Jahrtausende aufgebaut und erhalten haben. Kultplätze weisen stets erhöhte Energiewerte auf, was die Gleichung zulässt, dass sie immer auch Orte der Kraft sind und wohl deshalb ursprünglich für kultische Handlungen ausgewählt wurden.

Magnetgitter überziehen den Planeten und sind im Falle des Hartmannschen Gitters nach den Himmelsrichtungen ausgerichtet. Entsprechend befindet sich in Nord-West-Richtung alle zwei Meter ein Streifen von zirka zwanzig Zentimer Breite, und in Ost-West-Richtung alle zweieinhalb Meter. Wo sich die Linien kreuzen, muten Radiästhesisten verstärkte Strahlung, die in Kombination mit anderen Faktoren, wie etwa Wassergerinne, Pflanzen, Tiere und Menschen beeinflussen. Das Currygitter (durchschnittlich 15,9 mal 15,9 Meter) verläuft diagonal dazu. Wo sich die Schnittpunkte beider Gitter decken, spricht man von Störzonen. Magnetgitter sind dreidimensional, reichen also auch bis zu den oberen Etagen der Wohnhäuser.

Materialismus bezeichnet die Lehre, dass alles entweder → Materie oder vollständig von Materie abhängig ist. Sie anerkennt keine vom Stofflichen unabhängige Dimension der Wirklichkeit. Zahlreiche Fachleute führen die gigantischen ökologischen, gesellschaftlichen und persönlichen Probleme unserer Zeit auf diese einseitige Betrachtungsweise zurück.

Materie als Gegenstück zu Geist gilt als Grundlage der Wirklichkeit, nach Newton ist sie durch Masse und Ausdehnung definiert und steht im Gegensatz zu Energie. Nach der modernen Physik gehen Masse und Energie ineinander über, und materielle Systeme werden als Formen von Energie betrachtet. Nach den spirituellen Lehren ist Materie eine von vielen Manifestationen des kosmischen Bewusstseins.

Morphische Einheit ist eine Einheit der Form oder Organisation, wie zum Beispiel Atom, Molekül, Kristall, Zelle, Pflanze, Tier, Verhaltensmuster, soziale Gruppe, Elemente der Kultur, Ökosystem, Planet oder Galaxis. Morphische Einheiten sind zu geschachtelten Hierarchien von Einheiten in übergeordneten Einheiten organisiert, wie etwa ein Kristall Moleküle enthält, und diese wiederum enthalten Atome, diese enthalten Elektronen und Kerne, die Kerne Kernteilchen und die Kernteilchen Quarks (kleinste nachweisbare Einheiten).

Morphische Resonanz bezeichnet den Einfluss, den Handlungsstrukturen (zum Beispiel Rituale) aus der Vergangenheit auf von morphischen Feldern organisierte Aktivitätsstrukturen ähnlicher

Art ausüben. Mittels morphischer Resonanz können formgebende Einflüsse über Raum und Zeit wirksam werden, die aus der Vergangenheit kommen und nicht mit wachsender räumlicher oder zeitlicher Entfernung abnehmen. Je grösser die Ähnlichkeit der Aktivitäten, desto stärker ist der Einfluss der morphischen Resonanz. Zwischen einer morphischen Einheit und ihren eigenen vergangenen Zuständen besteht eine grosse Ähnlichkeit. Sie steht also in Resonanz mit ihrer eigenen Vergangenheit.

Morphisches Feld bezeichnet ein Feld in und um eine morphische Einheit, das deren typische Strukturen und Aktivitätsmuster organisiert. Auf ihnen beruhen morphische Einheiten – auf allen Ebenen der Vielschichtigkeit. Der Begriff bezieht sich auf Formenbildungsfelder, Verhaltensfelder, soziale Felder, kulturelle Felder und mentale Felder. Morphische Felder werden durch morphische Resonanz mit früheren morphischen Einheiten einer ähnlichen Art geformt und stabilisiert. Sie enthalten eine Erinnerung, die stetig anwächst.

Natur ist begrifflich abgeleitet von «das Geborene» (im Gegensatz zu Ur, «das Ewige») und ist traditionell identisch mit Mutter Natur oder Mutter Erde, der schöpferischen Kraft in der Welt und Ursache all ihrer Phänomene. Die innere Kraft oder der innere Impuls, der die Aktivitäten der Lebewesen bestimmt. Nach den Naturwissenschaften besteht sie aus Materie, Feldern und Energie und wird von den Naturgesetzen regiert. In den Mythologien ist sie Manifestation einer Göttin (zum Beispiel Perchta, Gaia), die Personifizierung dessen, was viele heute als das schöpferische und steuernde Bewusstsein der Erde betrachten.

Naturgeister oder Elementarwesen sind nach der Naturmythologie untergeordnete Gottheiten, Energiewesen, die mit verschiedenen Elementen der Natur verbunden sind und darin gewisse Aufgaben haben. In den Sagen treten sie als Zwerge, Feen, Elfen oder Nymphen auf. Allerdings beziehen sich solche Figuren in einzelnen Fällen eher auf Naturgottheiten, die unter dem Einfluss der Kirchenlehre heruntergestuft wurden.

Naturgottheiten stehen am Beginn aller Kulturen und haben sich erst über Jahrhunderte zu den klassischen Göttinnen und Göttern des Altertums gewandelt. Bei allen Naturvölkern werden sie noch heute verehrt. Anhänger der Naturmythologie vertreten die Meinung, dass hinter den Erscheinungen der Natur Gottheiten wirken und deren spirituelle Dimension darstellen. Zeitgemäss ausgedrückt stellen sie personifizierte Kräfte dar, die über eine Art von Bewusstsein verfügen. Zu ihnen zählen die Elementargottheiten, die hinter den energetischen und stofflichen Elementen wirken. Sie gehören zu den wichtigsten Gottheiten der Menschheit überhaupt. In den Veden erscheinen sie bereits vor viertausend Jahren als *Agni* (Feuer), *Kubera* (Erde), *Vaju* (Luft) und *Varuna* (Wasser). Damals hatten sie die weit grössere Bedeutung als in den späteren Phasen des Hinduismus. Dasselbe gilt wahrscheinlich für die europäischen Mythologien, auch wenn die Überlieferung diesbezüglich verschwommen und nur noch bruchstückhaft ist. In einem Fragment des Naturphilosophen Empedokles (zirka 450 v.u.Z.) werden die vier Gottheiten *Zeus* (Feuer), *Hera* (Erde), *Aidoneus* (Luft) und *Nestis* (Wasser) als die vier Wurzeln oder Ursachen (der stofflichen Schöpfung) bezeichnet. Sie sind in der europäischen Tradition in den Symbolen Löwe / Feuer, Stier / Erde, Adler / Luft und Engel / Wasser überliefert, wie man sie etwa in der Alchemie, Astrologie, aber auch in der christlichen Mystik im Zusammenhang mit den vier Evangelisten findet. Ausserdem gibt es Gottheiten von Landschaftselementen, wie Berg-, Meeres-, See- oder Baumgottheiten, die wiederum mit den Elementen respektive mit deren Gottheiten verbunden sind. Zu den Naturgottheiten sind auch die des Himmels zu zählen, also die sieben Planetengötter und Göttinnen des Altertums, die in der Astrologie zumindest begrifflich bis heute überlebt haben.

Naturmythologie. Die Grundlage der Naturmythologie ist die Natur, als der gemeinsame Nenner, die objektive Vorgabe. Sie wurde nicht von einem Dichter erfunden, von Propheten verkündet noch beruht sie auf Theorien, Dogmen oder Ideologien. Sie ist einfach. Offenbar gründen die bekannten Mythologien alle auf einer ursprünglichen, universellen Naturmythologie, die sich in den verschiedenen Kulturen zwar in der Form, nicht aber in der Essenz unterscheidet.

Orte der Kraft sind natürliche Energiezonen als Teil eines umfassenden energetischen Gewebes, das sich über die ganze Erde erstreckt. Um dessen Kraft zu erfassen, gibt es weder feste Analysemethoden noch Messinstrumente. Wie Blanche Merz feststellt, gibt erst das persönliche Erlebnis die Gewissheit, dass an einem Ort etwas passiert ist, das eine innere Veränderung hervorgerufen hat. Bei der Kraft eines Ortes handelt es sich nicht ausschliesslich um physikalische oder feinstoffliche Energie, an der man sich anschliessen kann. Der Kraftort ist vielmehr in uns selbst, liegt letztlich in der Seele. Die Schwingungen des äusseren Ortes erleichtern den Zugang zum inneren Erleben.

Paracelsus (1493–1541) wuchs in Einsiedeln auf, dessen Kloster als bedeutendes Heiligtum der schwarzen Maria ein überregionaler, mächtiger Ort der Kraft ist. Der Arzt und Naturgelehrte gilt heute als einer der herausragenden Köpfe der deutschen Renaissance. Seine wegweisende Rolle in der Entwicklung der Schulmedizin ist genauso unumstritten wie seine Kompetenz auf dem Gebiet der Naturheilkunde, die sich heute ebenfalls auf ihn beruft. Seine Schriften zeigen eine tiefe Einsicht in das magische Wesen der Natur und das Wirken des Göttlichen, was ihn zum bedeutendsten Mystiker seiner Zeit macht. Obwohl er das Wissen und die Weisheit der Antike sehr hoch schätzte, lebte Paracelsus, der nach eigenen Aussagen viel von Kräuterfrauen und Waldweisen gelernt hatte, als gläubiger Christ. Wie kein anderer sah er ein neues Zeitalter am Horizont aufsteigen, was ihn veranlasste, sein Wissen über die alte Naturmythologie möglichst umfassend und detailliert festzuhalten. Seine Aussage, wonach alles in der Natur heilig sei und die Natur (auch die im Menschen) sich selbst zu heilen vermöge, hat ihre Gültigkeit nicht verloren. Ebenfalls zeitlos ist die Empfehlung, ausser in Büchern vor allem im «grossen Buch der Natur» zu lesen.

Radiästhesie ist die Kunst des Mutens (Erspürens) von Energiefeldern mittels Pendel oder Ruten. Seit Menschengedenken werden Pendel und Ruten verwendet, um Kraftfelder zu muten, wie sie etwa von Grundwassergerinnen ausgehen. Diese Methode hat sich besonders zum Auffinden von Quellen bewährt, wird aber seit einigen Jahrzehnten zunehmend auch zur Feststellung von störenden Wassergerinnen benutzt. Viele Geomanten und Geomantinnen benutzen Pendel und Ruten auch zum Erspüren von anderen Energiefeldern, wie zum Beispiel Kreuzungen der Schnittpunkte der beiden Magnetgitter, Kraftlinien oder aussergewöhnliche Bodenelektrizität. Die Radiästhesie bildet ausserdem die Grundlage zum Ermitteln der lokalen Bioenergie nach der → Bovismethode.

Schwingung oder Frequenz bezeichnet die Bewegung von Wellen, wie etwa bei Klangwellen. Nach der Quantenphysik besteht die Welt aus schwingenden energetischen Feldern, die miteinander kommunizieren. Sie geht dabei von einer physikalischen Energie aus, aus der die Materie «gemacht» ist und die respektive deren Teile dementsprechend Energie in Form von Schwingungen abgeben. Im Zusammenhang mit der beseelten Natur spricht man auch von feinstofflichen, also nicht mehr physikalischen Schwingungen sowie von solchen noch feinerer Qualität, die man als spirituelle Schwingungen bezeichnen kann.

Signatur bezeichnet die auf das Altertum zurückgehende Lehre, wonach das Äussere einer Landschaft, einer Pflanze, eines Ortes oder auch eines Menschen deren oder dessen inneren Eigenschaft entspricht; oder der Qualität der jeweiligen Schwingung, die von ihr respektive ihm ausgeht. Die Signaturlehre gilt auch für jene Qualitäten der Landschaft, die sich nicht mit den Sinnesorganen erfassen lassen. Die äusseren Signaturen bieten zwar wichtige Hinweise, doch um die energetischen Felder wahrzunehmen, muss die Achtsamkeit auch auf das, was im Organismus vorgeht, gelenkt werden. Dazu gehören Gefühle wie Freude, Erinnerungen, körperliche Empfindungen, Gedanken, intensive Déjà-vu-Erlebnisse oder innere Bilder. Sie sind persönliche

Signaturen oder Hinweise darauf, welche Bedeutung ein Ort für einen hat.

Wassergeister Die typischen Wasserorte wie Quellen, Fluss- und Seeufer oder Küsten galten im Altertum als Wohnorte von Wassergeistern. Zu ihnen zählen die Meeres-, Quell-, Fluss- und Seegöttinnen sowie die untergeordneten zahlreichen Formen von Wassernymphen, wie etwa Meerjungfrauen, Quellnymphen oder Seefrauen. Sie gehen alle auf die Schlangengöttinnen zurück, die erst im jüngeren Altertum in menschenähnlichen Formen auftreten. In den Mythologien des Altertums kommt den (Quell-)Nymphen eine übergeordnete Bedeutung zu als Mütter von manchen Gottheiten, wie etwa *Maya* als Mutter von *Merkur* oder *Dione* als Mutter von *Venus* (bei Homer). Vermutlich zählen sie zu den ältesten Göttinnen, die später im von *Zeus* und seinen Kollegen dominierten Hellenismus sozusagen herabgestuft wurden. Wassergeister, insbesondere Quellnymphen, gelten nach der Naturmythologie als die eigentlichen Heilerinnen der Natur. Auf sie wurde die Heilwirkung der von ihnen gehüteten Quellen zurückgeführt. Von Nymphen sollen seit je ihnen zugeneigte Frauen ihre Heilkünste erlernt haben. Nach Paracelsus sind die Wassergeister oder Nymphen den Menschen näher als die anderen Elementarwesen. Sie sollen ähnlich aussehen, ebenso gesprächig sein und sogar lokale Dialekte sprechen. Zahlreiche Sagen berichten von Liebesbeziehungen zwischen Nymphen (die wie alle Elementarwesen auch in zwei Geschlechter geteilt sind) und Menschen; dies wird etwa in der bekannten Geschichte von der Schönen Melusine erzählt. Nymphenfrauen sollen ausgesprochen freiheitsliebend sein: Missachtet ihr Partner ihr unabhängiges Wesen, verlässt sie ihn. Ausserdem sind Beziehungen mit ihnen stets mit einem Tabu versehen (der Mann darf sie etwa nicht beim Baden beobachten), dessen Bruch drastische Folgen hat. Aus solchen Ehen geborene Kinder und deren Nachkommen sollen noch heute eine besondere Beziehung zu Wasser haben und oft über ein ausgeprägtes Talent zum Heilen verfügen. Die als verruchte Verführerinnen auftretenden Nymphen, denen Männer zum Opfer fallen, entsprangen im Bemühen der Kirche, die heidnischen Nymphen zu verteufeln und insbesondere die Männer von Beziehungen mit ihnen fernzuhalten. Wassergeister sind als Beraterinnen und Helferinnen in Liebesangelegenheit tradiert. Nach persönlichen Berichten zu schliessen, wenden sich gerade heute vermehrt vornehmlich Frauen bei Wasser-Kraftorten an deren Nymphe mit der Bitte, sie mit dem Richtigen zusammenzubringen oder in einer Ehekrise helfend beizustehen.

Literatur

Weiterführende Literatur

Bischof, Marco: Tachyonen, Orgonenergie, Skalarwellen. Feinstoffliche Felder zwischen Mythos und Wissenschaft, AT Verlag, Aarau 2004

Broeckers, M., Liggenstorfer, R.: Albert Hofmann und die Entdeckung des LSD, AT Verlag, Baden 2006

Cerny, Christine: Magisch Reisen Österreich, Goldmann Verlag, München 1992

Devereux, Paul: Der heilige Ort, AT Verlag, Baden 2006

Gienger, Michael: Die Steinheilkunde, Verlag Neue Erde, Saarbrücken 1995

Graichen, Gisela: Das Kultplatzbuch, Hoffmann&Campe, Hamburg 1988

Hänni, Pier: Quellen der Kraft, AT Verlag, Baden 2004

Lachapelle, Dolores: Weisheit der Erde, Verlag Neue Erde, Saarbrücken 1978

Luczyn, David: Magisch Reisen Deutschland, Goldmann Verlag, München 1991

Merz, Blanche: Orte der Kraft, AT Verlag, Aarau 1999

Merz, Blanche: Die Seele des Ortes, AT Verlag, Aarau 1999

Merz, Blanche: Orte der Kraft in der Schweiz, AT Verlag, Aarau 1998

Möller, Jens M.: Geomantie in Mitteleuropa, Aurum Verlag, Freiburg 1988

Pennik, Nigel: Das kleine Handbuch der Geomantie, Verlag Neue Erde, Saarbrücken 1985

Pogacnik, Marko: Schule der Geomantie, Droemersche Verlagsanstalt, München 1996

Purner, Jörg: Radiästhesie – Ein Weg zum Licht?, M&T Verlag, Zürich/Chur 1988

Schumacher, Yves: Steinkultbuch, Edition Amalia, Bern 1998

Sheldrake, Ruppert: Das Gedächtnis der Natur, Scherz Verlag, Bern 1988

Storl, Wolf-Dieter: Naturrituale, AT Verlag, Baden 2005
Strassmann, Renato: Baumheilkunde, AT Verlag, Aarau 1994
Uyldert, Mellie: Mutter Erde, München 1987

Führer zu Orten der Kraft

Derungs, Kurt: Mythen und Kultplätze im Drei-Seen-Land, Edition Amalia, Bern 2002
Good, Elmar: Magische Ostschweiz, AT Verlag, Baden 2006
Good, Elmar: Magisches Graubünden, AT Verlag, Baden 2005
Hänni, Pier: Magisches Bernbiet, AT Verlag, Aarau 2003
Hänni, Pier: Magisches Berner Oberland, AT Verlag, Aarau 2002
Hutzl-Ronge, Barbara: Magisches Zürich, AT Verlag, Baden 2006
Kroell, Roland: Magischer Schwarzwald, AT Verlag, Baden 2004
Lemke, Müller: Naturdenkmale, Stapp Verlag, Berlin 1988
Neumann, Erich: Johannisstein bei Lage, heko verlag, Dannstadt 1984
Rüttimann, Charles A.: Magische Zentralschweiz, AT Verlag, Baden 2005

Bildnachweis

Mit Ausnahme der folgenden stammen alle Abbildungen vom Autor.

Seite 25, 39, 44, 108 und 158: Elmar Good
Seite 61, 82, 94, 115: Roland Kroell
Seite 99, 119, 135, 155: Charles A. Rüttimann
Zeichnung Seite 102: Michael Hutzl-Ronge